Wolfgang Constanza

Italienisch in 10 Tagen

Sprachkurs mit einer neuen Lernmethode

Bibliografische Information der Deutschen Bibliothek: Die Deutsche Bibliothek verzeichnet diese
Publikation in der Deutschen Nationalbibliografie;
detaillierte bibliografische Daten sind im Internet über
http://dnb.ddb.de abrufbar.

© 2010 Wolfgang Constanza
Herstellung und Verlag: Books on Demand GmbH
Norderstedt
ISBN 978-3-8391-4660-6
Umschlagbild: Blick vom Campanile auf San
                Lorenzo in Florenz
Foto: Wolfgang Constanza

Inhalt

Erster Tag

Il controllo doganale / Die Zollkontrolle

Luogo: L'aeroporto Leonardo da Vinci a Roma.
Ort: Flughafen Leonardo da Vinci in Rom.
Persone / Personen: un turista / ein Tourist T,   doganiere / Zöllner Z

Z Il passaporto per favore. Den Pass bitte.
T Prego. Bitte.
Z Il passaporto è scaduto. Der Pass ist abgelaufen.
T Ecco la carta d'identità. Hier ist der Personalausweis. *Ho viaggiato* molto tempo per tutta la Germania. *Ich bin* lange Zeit durch ganz Deutschland *gereist.* C'è qualcosa di nuovo in Italia? Gibt es etwas Neues in Italien?
Z Non <u>so</u> niente di nuovo. <u>Ich weiß</u> nichts Neues. Ha qualcosa da dichiarare? Haben Sie etwas zu verzollen?
T Non <u>ho</u> niente da dichiarare. <u>Ich habe</u> nichts zu verzollen.
Z Apra questa valigia! Öffnen Sie diesen Koffer! Ora so qualcosa di nuovo per Lei. Jetzt weiß ich etwas Neues für Sie. Deve *pagare* il dazio per questo! Sie müssen für das hier Zoll *bezahlen*!
T Ma questo è un regalo. Aber das ist ein Geschenk.
Z Per chi ? Für wen ?
T Per Lei. Für Sie.
Z Oh, *La* ringrazio. Oh, ich danke *Ihnen.*
T Prego, di niente. Bitte, nichts zu danken.

Folgt auf qualcosa oder niente ein Substantiv, wird **di** eingefügt (qualcosa **di** nuovo); folgt ein Infinitiv, wird **da** eingefügt (qualcosa **da** dichiarare).

Die Aussprache des Italienischen

Vokale	Erklärung	Beispiel
a, u	wie im Deutschen	
e	in betonten Silben und	senza ohne
	Vokalverbindungen meist offen	igienico
	(wie in ändern)	hygienisch
	geschlossene Aussprache:	
	unbetont oder in der	forse vielleicht
	Endung -mente	brevemente
i	kurz	si man, sich
	in betonten Silben lang	isola Insel
	vor mehreren Konsonanten	
	kurz	birra Bier
	vor und zwischen Vokalen	
	wie j	fiore Blume
o	betont und in Vokalverbin-	però aber
	dungen: offen	chiosco Kiosk
	geschlossene Aussprache:	
	unbetont	collare
		Halsband

Konso-nanten	Erklärung	Beispiel
b	stimmhaft wie in Leben	bere trinken
c	vor e oder i wie tsch	cena Abend-essen
		città Stadt
	sonst wie k	casa Haus
ch, cch	wie k	chiesa Kirche
cia	ci wie	ciao hallo
cio	tsch	cioccolato
	vor a, o , u	Schokolade
ciu		ciuco Esel

d	stimmhaft wie in du	domani morgen
g	vor e und i stimmhaft	gelato Eis
	wie dsch in Dschungel	gita Fahrt
	sonst wie g	grazie danke
gh	wie g	ghiaccio Eis
gia	gi wie	giallo gelb
gio	dsch	gioco Spiel
giu	vor a, o, u	giusto richtig
gl	wie lj	famiglia Familie
gn	wie nj	bagno Bad
h	wird nicht ausgesprochen	hotel
qu	wie k, gefolgt von schwachem u	questo dieser
r	mit der Zungenspitze gerollt	rosso rot
s	stimmlos:	
	vor f, p, q, t	
	nach l, n, r	salsa Soße
	am Wortanfang	sole Sonne
	stimmhaft:	
	vor b, d, g , l, m, n, r	sbaglio Fehler
	zwischen Vokalen	uso Gebrauch
sca	sc wie	scarpa Schuh
sco	sk	sconto Rabatt
scu	vor a, o, u	scuola Schule
sche	sch wie	scherzo Scherz
schi	sk vor e und i	schiena Rücken
sce	sc wie sch vor e und i	scendere aussteigen
sci		sci Ski
scia	sci wie sch	sciarpa Schal
scio	vor a,o,u	sciopero Streik
sciu		prosciutto Schinken
v	wie w	vino Wein

z, zz	stimmlos: vor Vokalen	zucchero
	nach l, n	senza
	vor den Endungen -ione	stazione
		Bahnhof
	stimmhaft: zwischen Vokalen	azzuro blau
	in -izzare	organizzare organisieren

Betonung und Akzente

Im Italienischen wird normalerweise die vorletzte Silbe betont.

Betonungen auf der letzten Silbe werden durch zwei Akzente angegeben:

1. L'accento grave: offene Aussprache, z. B. caffè
2. L'accento acuto: geschlossene Aussprache, z. B. rosé

Außerdem dient der Akzent zur Unterscheidung gegenüber gleichlautenden Worten, z. B. sì/ja gegenüber si/man, sich

Vokalverbindungen

Gleich starke Betonung beider Vokale bei au, ei, eu, z.B. Australia Australien, sei sechs, Europa Europa.
Stärkere Betonung des 2. Vokals bei ie und uo, z. B. ieri gestern, uomo Mensch.

Abkürzungen

Adj Adjektiv, Adv Adverb
E Erweitertes Sprachprogramm
f für femininum d.h. weiblich
m für maskulinum d.h. männlich
MS Merksatz
R Regel
Pl für Plural d.h. Mehrzahl
Sg für Singular d.h. Einzahl
PP Partizip Perfekt

Die Grundzahlen

0 zero	
1 uno	11 **undici**
2 due	12 **dodici**
3 tre	13 **tredici**
4 quattro	14 **quattordici**
5 cinque	15 **quindici**
6 sei	16 **sedici**
7 sette	17 **diciasette**
8 otto	18 **diciotto**
9 nove	19 **dicianove**
10 dieci	20 venti

Von 20 bis 100 werden die Grundzahlen immer nach dem gleichen Muster gebildet: Die Zehnerzahl wird durch die Zahlen 1 - 9 ergänzt, wobei die Zehnerzahl ihren Endvokal verliert, wenn die nachfolgende Zahl mit einem Vokal beginnt, z.B.

20 venti	100 000 cento mila
21 venti-uno > vent**uno**	1 000 000 un milione
22 ventidue	
28 venti-otto > vent**otto**	
29 ventinove	
30 trenta	
40 quaranta	
50 cinquanta	
60 sessanta	
70 settanta	
80 ottanta	
90 novanta	
100 cento	
200 due cento	
1 000 mille	
2 000 due mila	
10 000 dieci mila	

Die Ordnungszahlen und Bruchzahlen

Der, die , das

erste	il primo, la prima	
zweite	secondo	
dritte	terzo	ein Drittel: un terzo
vierte	quarto	ein Viertel: un quarto
fünfte	quinto	ein Fünftel: un quinto
sechste	sesto	
siebte	settimo	
achte	ottavo	
neunte	nono	
zehnte	decimo	ein Zehntel: un decimo

Ab 11. werden die Ordnungszahlen immer nach dem gleichen Muster gebildet: Die Grundzahlen werden durch die Endung -esimo ergänzt, wobei die Grundzahl ihren Endvokal verliert, da die Endung -esimo mit einem Vokal beginnt, z.B.

11. undici -esimo > undicesimo
12. dodici -esimo > dodicesimo
    usw.

Ausnahme: Grundzahlen mit der Endung -tre verlieren ihren Endvokal nicht, z.B.

23. ventitreesimo

Wochentage

Welcher Tag ist heute?
Che giorno è oggi?
Sonntag   domenica
Montag   lunedì
Dienstag   martedì
Mittwoch   mercoledì
Donnerstag giovedì
Freitag   venerdì
Samstag   sabato

Monate

Januar gennaio
Februar febbraio
März marzo
April aprile
Mai maggio
Juni giugnio
Juli luglio
August agosto
September settembre
Oktober ottobre
November novembre
Dezember dicembre

Datumsangabe

Im Deutschen werden die Ordnungszahlen verwendet, im
Italienischen die Grundzahlen (Ausnahme : il primo / der
erste).
Die Ordnungszahlen werden mit Punkt geschrieben, die
Grundzahlen ohne Punkt.
Der erste Oktober (1. Oktober).
Il primo ottobre (1. ottobre)
Der zweite Oktober (2. Oktober)
Il due ottobre (2 ottobre)
Den wievielten haben wir heute? Quanti ne abbiamo oggi?
Heute ist der siebte Januar 2010.
Oggi è il sette gennaio del 2010.

Die Uhrzeit

Bei der Uhrzeit wird in der Umgangssprache bis 39 Minuten dazugezählt, ab der 40. Minute von der nächsten Stunde
abgezogen. Bei offiziellen Zeitangaben wird immer dazugezählt.

Wie spät ist es? Che ore sono?

1.05	È l'una e cinque
	Sono le
2.10	due e dieci
3.15	tre e un quarto
4.20	quattro e venti
5.25	cinque e venticinque
6.30	sei e mezza
7.35	sette e trenta cinque
8.40	nove meno venti (neun weniger 20)
9.45	dieci meno un quarto
10.50	undici meno dieci
11.55	dodici meno cinque
12.00	dodici

Sich und andere vorstellen

Buon giorno, signora. Guten Tag, meine Dame. Mi chiamo
Carlo Visconti. Ich heiße (nenne mich) Carlo Visconti.
Piacere, il mio nome è Eva Bianco. Sehr erfreut, mein Name
ist Eva Bianco.
Buona sera, signor Visconti. Guten Abend, Herr Visconti.
Posso *presentar*Le la signora Celli e il signor Rossi. Darf
ich Ihnen Frau Celli und Herr Rossi *vorstellen*.

R Der bestimmte Artikel wird verwendet, wenn man über
   eine Person spricht. Er wird weggelassen, wenn man eine Person anspricht.
R Titel für Herren verlieren oft den Endvokal vor Eigen-
   namen: il signor Rossi, il dottor Manconi, il professor
   Celli.

**Lernen Sie bitte noch die unterstrichenen Wörter im
Vokabular von Abend bis Bett.**

Zweiter Tag

Der bestimmte Artikel

Die Artikelform wird bestimmt durch Zahl, Geschlecht und Anfangslaut des zugehörigen Hauptworts.

MS Der Junge und die Freundin besuchen
die Aufführung und den Zoo.

Il ragazzo e l'amica visitano **lo** spettacolo e **lo** zoo.
I ragazzi e **le** amiche visitano **gli** spettacoli e **gli** zoo.
Die Jungen und die Freundinnen
besuchen die Aufführungen und die Zoos.

R Vor Konsonant steht der bestimmte Artikel **il** /
der und la / die.

il > i In der Mehrzahl wird **il** zu **i** und la zu le.

Vor Vokal werden la und il zu **l'**.

l' > le In der Mehrzahl wird **l'**(f) zu **le** (z.B. le amiche)
und l'(m) zu gli (z.B. gli amici).

Vor s + Konsonant und z (x, gn, ps) wird il zu **lo**.

lo > gli In der Mehrzahl wird **lo** zu **gli**.

E Der bestimmte Artikel wird in folgenden Fällen verwendet:

1. Namen von Ländern und Regionen (l'Italia / Italien,
La Calabria / Kalabrien).

2. Beim besitzanzeigenden Fürwort (La mia casa / mein
Haus).

3. Bei Besitzangaben mit avere / haben (avere l'auto / ein
Auto besitzen).

4. Bei Krankheitsangaben mit avere (avere la febbre / Fie-
ber haben).

5. Bei Berufsangaben mit fare / machen (faccio il dottore/
ich bin Arzt).

6. Bei Angabe einer Sprache (studiare il francese / Französisch lernen).

Bestimmter Artikel bei Familienbezeichnungen

MS Mein Bruder, meine Schwestern und meine liebe
    Mutter.
    Mio fratello, **le** mie sorelle e **la** mia cara mamma.
R   Familienbezeichnung in der Einzahl: kein Artikel
    Familienbezeichnung in der Mehrzahl: Artikel
    Familienbezeichnung mit Adjektiv: Artikel

Bestimmter Artikel nach tutto

MS Alle drei trinken alle Tage ein wenig Wein.
    Tutti e tre bevono tutti **i** giorni un po' **di** vino.
R   Folgt nach tutto eine Zahl, wird dazwischen **e** ein-
    gefügt.
    Folgt nach tutto ein Hauptwort, wird dazwischen
    der bestimmte Artikel eingefügt (tutti **i** giorni).
    Folgt nach un po' (Abkürzung für un poco / ein
    wenig) ein Hauptwort, wird dazwischen **di** eingefügt.

Der Teilungsartikel

Eine bestimmte Menge wird mit di ohne Artikel ausge-
drückt: 100 Gramm Butter / 100 grammi di burro.
**Eine unbestimmte Menge wird mit di + bestimmter
Artikel ausgedrückt (sogenannter Teilungsartikel).**

MS 1 Ich möchte Wein, Speck, Suppe und Wasser.
      Desidero **del** vino, **dello** speck, **della** zuppa e
      dell'acqua.
R di + il > **del**
  di + lo > **dello**
  di + la > **della**
  di + l' > **dell'**

MS 2   Ich habe keinen Wein, Speck, Suppe,
       aber eine Flasche Wasser.
       Non ho vino, speck, zuppa
       ma una bottiglia d'acqua.
R   Der Teilungsartikel entfällt:
    bei Verneinung (non ho vino)
    bei Aufzählungen (speck, zuppa)
    nach einer Präposition (hier: di acqua > d'acqua)

Bestimmter Artikel und Präpositionen

	il	lo	la	l'	i	gli	le
di / von	del	dello	della	dell'	dei	degli	delle
da / aus	dal	dallo	dalla	dall'	dai	dagli	dalle
a / zu	al	allo	alla	all'	ai	agli	alle
con / mit	col	collo	colla	coll'	coi	cogli	colle
in / in	nel	nello	nella	nell'	nei	negli	nelle
su / auf	sul	sullo	sulla	sull'	sui	sugli	sulle

Der unbestimmte Artikel

MS 1   Ein Junge und eine Freundin besuchen
       eine Vorstellung und einen Zoo.
       Un ragazzo e **un'**amica visitano
       uno spettacolo e **uno** zoo.
R **un:** Vor Konsonant steht der unbestimmte Artikel **un** /
       ein und una / eine.
   un': Vor Vokal wird una zu **un'**.
   uno: Vor s + Konsonant, z (x, gn, ps) wird un zu **uno**.
MS 2   Jungen und Freundinnen besuchen Vorstellungen
       und Zoos.
       Dei ragazzi e **delle** amiche visitano
       degli spettacoli e **degli** zoo.
R   di + i > **dei**
    di + le > **delle**
    di + gli > **degli**

15

Das Wort andare / gehen, fahren mit Präpositionen

MS   Ich gehe zu Claudia; wir fahren im Auto in die
Schweiz und dann nach Rom, wo wir in eine
Pizzeria gehen und danach gehen wir schlafen.
Vado **da** Claudia; andiamo **in** macchina **in**
Svizzera e dopo **a** Roma, dove andiamo **in**
pizzeria e poi andiamo **a** dormire.

R **da** Claudia: bei Angabe einer Person and**are da**
in macchina: bei Angabe eines Verkehrsmittels
andare **in**
in Svizzera: bei einem Land andare **in**
a Roma: bei einem Ort andare **a**
in pizzeria: bei Geschäften mit der Endung -ia
andare **in**
andiamo **a** dormire: Folgt nach andare ein Infinitiv, wird
a eingeschoben.

Die Verneinung

MS   Ich gehe nicht nach Genua, weil es mir nicht gefällt.
Non vado a Genova perché **non** mi piace.

R **Die Verneinung wird durch das Wort non / nicht,
kein gebildet.** Non steht vor dem Verb (**non** vado)
bzw. vor dem Pronomen (**non** mi piace).

Weitere Verneinungsformen:

Ich gehe nie nach Genua.

Non vado **mai** a Genova.

Ich gehe nicht mehr nach Genua.

Non vado **più** a Genova.

Ich gehe nie mehr nach Genua.

Non vado **mai più** a Genova.

Ich sehe niemand.

Non vedo **nessuno**.

Ich höre nichts.

Non sento **niente**.

16

Konjugation der Hilfsverben avere / haben und essere / sein

Präsens	ho	ich habe	sono	ich bin
	hai	du hast	sei	du bist
	ha	er hat	è	er ist
	abbiamo	wir haben	siamo	wir sind
	avete	ihr habt	siete	ihr seid
	hanno	sie haben	sono	sie sind

PP avuto / gehabt   stato / gewesen

E Imperfekt	avev-o ich hatte	er-o ich war
	-i	-i
	-a	-a
	-amo	erav-amo
	-ate	erav-ate
	avev-ano	er-ano

E Futur	av-rò ich werde haben	sa-rò ich werde sein
	-rai	-rai
	- rà	-rà
	- remo	-remo
	-rete	-rete
	-ranno	-ranno

E Kondi-tionalform	av-rei ich würde haben	sa-rei ich würde sein
	-resti	-resti
	-rebbe	-rebbe
	-remmo	-remmo
	-reste	-reste
	-rebbero	-rebbero

Lernen Sie bitte noch die unterstrichenen Wörter von bezahlen bis Eintrittskarte.

Il viaggio alla stazione / Die Fahrt zum Bahnhof

Luogo: Milano Ort: Mailand
Persone: un turista / ein Tourist T, una passante / eine
Passantin P

T Dove <u>si</u> trova la stazione? Wo befindet <u>sich</u> der Bahnhof?
P Nel centro città. Im Stadtzentrum.
T <u>Ci</u> posso andare a piedi? Kann ich zu Fuß <u>dorthin</u> gehen?
P Non è possibile perché è troppo lontano. Das ist nicht
möglich, weil es zu weit ist. La stazione <u>dista</u> 10 km da
qui. Der Bahnhof <u>ist</u> 10 km von hier <u>entfernt</u>.
T Mi <u>può</u> spiegare come ci posso andare? <u>Können Sie</u>
mir erklären, wie ich dorthin fahren kann?
P Preferisce l'autobus, il tram o la metro? Bevorzugen Sie
den Bus, die Straßenbahn oder die U-Bahn? Tutti e tre
vanno alla stazione. Alle drei fahren zum Bahnhof.
T Dove sono la fermata dell'autobus e del tram e la stazio-
ne della metro? Wo sind die Haltestellen von Bus und
Straßenbahn und die U-Bahnstation?
P Lì vede la fermata dell'autobus. Dort sehen Sie die Bus-
haltestelle.
T In che direzione va il bus? In welche Richtung fährt der
Bus?
P Da destra a sinistra. Von rechts nach links.
T Quale autobus va alla stazione? Welcher Bus fährt zum
Bahnhof?
P Penso che sia il numero 5. Ich denke, dass es die Num-
mer 5 ist.
T Quante fermate ci sono fino alla stazione? Wie viele
Haltestellen sind es bis zum Bahnhof?
P Mi dispiace, non <u>lo</u> so. Es tut mir leid, ich weiß <u>es</u> nicht.
T Molte grazie, signora. Vielen Dank, meine Dame.

Dritter Tag

Substantive (Hauptwörter)

Pluralbildung und Geschlecht

MS   Der Freund liebt die Freundin während der Nacht.
       Il ragazzo ama la ragazza durante la notte.
Pl   I ragazzi amano le ragazze durante le notti.
R **o > i**: Substantive mit der Endung **o** bilden die Mehrzahl
       zumeist auf **i**. Sie sind meistens männlich.
   a > e: Substantive mit der Endung **a** bilden die Mehrzahl
       zumeist auf **e**. Sie sind meistens weiblich.
   e > i: Substantive mit der Endung **e** bilden die Mehrzahl
       zumeist auf **i**. Sie sind männlich oder weiblich.
R Substantive mit der Endung -ione sind meistens
   weiblich (z.B. la pensione / die Pension).
R Substantive mit der Endung -ista sind meistens weiblich
   und männlich (il, la turista / der Tourist, die Touristin).

Substantive mit unveränderter Form im Plural

MS   Auf dem Foto sieht man die Straßenbahn in der Stadt.
       Sulla **foto** si vede il **tram** nella **città**.
PL   Sulle **foto** si vedono i **tram** nelle **città**.
R Im Plural bleiben unverändert:
   1. Abkürzungen: la **foto**(grafia) > le **foto**
   2. Substantive, die mit einem Konsonant enden:
      il **tram** > i **tram**
   3. Substantive mit betonter Endung:
      la **città** > le **città**
   4. Substantive mit den Endungen -i und -ie, z.B.
      la **crisi** (die Krise) > le **crisi**
      la **serie** (die Reihe) > le **serie**

Unregelmäßige Pluralbildungen

MS 1   Der Sohn isst die Orange und trägt den Koffer.
      Il figlio mangia l'arancia e porta la valigia .
Pl   I figli mangiano le arance e portano le valige .
R   **io > i:** Die Endung -io mit unbetontem i wird im Plural
      zu -i.
  cia > ce: Die Endung -cia mit unbetontem i wird im
      Plural zu -ce.
  gia > ge: Die Endung -gia mit unbetontem i wird im
      Plural zu -ge.
MS 2   Der betrunkene Pilot ist ein Problem für den
      Touristen.
      Il pilota ubriaco è un problema per il turista.
Pl   I piloti ubriachi sono un problema per i turisti.
R   **a > i:** Männliche Substantive mit der Endung -a bilden
      die Mehrzahl auf -i.
  ista > isti: Substantive mit der Endung -ista bilden die
      Mehrzahl auf -isti, wenn sie männlich sind
      und auf -iste, wenn sie weiblich sind.

Einfügung von h zur Bewahrung der Aussprache

MS   Die Deutsche und die Kollegin betrachten den Wald
      und den See.
      La tedesca e la collega guardano il bosco e il lago
Pl   Le tedesche e le colleghe guardano i boschi e i laghi
R   Substantive mit den Endungen ca, ga, co, go bewahren
      im Plural die harte Aussprache der Endungen durch
      Einfügen eines **h**.
      Ausnahmen:
      z.B. l'amico / der Freund Pl gli amici.
      Für Wörter mit der Endung co, go gilt:
      Bei Betonung auf der drittletzten Silbe wird im
      Plural kein h eingefügt, z.B. i medici / die Ärzte
      gli psicologi / die Psychologen

E   Beispiele für den Gebrauch von **ci**

Ci ersetzt Satzteile mit **in** und **a**:
Bist du je in Italien gewesen? Sei stato mai **in** Italia?
Non **ci** sono mai stato. **Dort** bin ich niemals gewesen.
Denkst du oft an Rom? Pensi spesso **a** Roma?
Sì, **ci** penso spesso. Ja, **daran** denke ich oft.
Wie fährst du nach Rom? Come vai **a** Roma?
Ci vado in macchina. **Dorthin** fahre ich mit dem Auto.
Weshalb fährst du nach Rom? Perché vai **a** Roma?
C'è il Papa e **c'è** qualche amico. **Dort** ist der Papst und
dort sind einige Freunde.
R   Qualche heißt einige, wird jedoch immer in Verbindung
     mit dem Singular verwendet, z.B.
     qualche giorno / einige Tage
R   Das Wort pensare wird in Verbindung mit **ci** verwendet:
     Pens**aci** bene / überlege es dir gut.

E   Gebrauch des Prominaladverbs **ne**

Ne ersetzt Satzteile mit **di**:
Hast du Lust zu tanzen? Hai voglia **di** ballare?
Ne ho voglia. **Dazu** habe ich Lust.
Wie viele Zeitungen nimmst du? Quanti giornali prendi?
Ne prendo due. Ich nehme zwei **davon**.
R   Vor einem Verb wird der Teil einer Menge immer mit
     ne ausgedrückt.

Unregelmäßiges Verb
stare: bleiben, sein, stehen, sich befinden
Präsens: sto, stai, sta, stiamo state, stanno
PP: stato
E   Bedingungsform: starei ich würde bleiben
Lernen Sie bitte noch die unterstrichenen Wörter von
Eintrittspreis bis Führung.

Lo sciopero / Der Streik

Luogo: La stazione centrale di Milano
Ort: Der Hauptbahnhof von Mailand
Persone: un turista T, un impiegato / ein Angestellter A

T (davanti allo sportello / vor dem Schalter): Quando par-
   te il prossimo treno per Roma? Wann fährt der nächste
   Zug nach Rom?
A Non lo so. Ich weiß es nicht. Invece dell'orario abbia-
   mo da ieri uno sciopero. An Stelle des Fahrplans ha-
   ben wir seit gestern einen Streik.
T Da quale binario parte il treno? Von welchem Gleis fährt
   der Zug ab?
A Dal binario sei. Von Gleis 6.
T È necessario cambiare? Ist es nötig umzusteigen?
A Sì, deve cambiare a Firenze a causa dello sciopero. Ja,
   Sie müssen wegen dem Streik in Florenz umsteigen.
T Quanto tempo dura il viaggio? Wie lange dauert die
   Fahrt?
A Normalmente tre ore e mezza, ma oggi per lo sciopero
   sette ore. Normalerweise dreieinhalb Stunden, aber heu-
   te wegen dem Streik sieben Stunden.
T Quanti giorni è durato lo sciopero l'ultima volta? Wie
   viele Tage hat der Streik beim letzten Mal gedauert?
A Non lo so più. Ich weiß es nicht mehr.
T C'è una carrozza cuccette? Gibt es einen Liegewagen?
A Sì, ma per lo sciopero solo fino a Firenze. Ja, aber we-
   gen dem Streik nur bis Florenz.
T Vorrei prenotare una cuccetta e un posto al finestrino di
   seconda classe, andata e ritorno, il ritorno senza sciopero. Ich möchte einen Liege- und Fensterplatz reservie-
   ren, zweite Klasse, hin und zurück, die Rückfahrt ohne
   Streik.

22

Vierter Tag

Adjektive (Eigenschaftswörter)

Geschlecht und Zahl des Adjektivs werden durch das
zugehörige Substantiv bestimmt. Adjektive bilden den
Plural in gleicher Weise wie die Substantive:
Sg: Endungen -o und -e Pl: Endung -i
Sg: Endung -a Pl: Endung -e

Stellung des Adjektivs

Adjektive können vor oder hinter dem Substantiv stehen.

MS In einer italienischen Stadt habe ich eine liebe Kusine
mit schwarzen Haaren. Diese Kusine ist ein schönes
Mädchen, sogar ein sehr schönes Mädchen.
In una città italiana ho una cara cugina coi capelli
neri. Quella cugina è una bella ragazza, perfino una
ragazza molto bella.

R città italiana: Nationalität immer hinter dem Substantiv.
cara cugina: Kurze, häufig gebrauchte Adjektive vor
dem Substantiv.
capelli neri: Farben immer hinter dem Substantiv.
quello(a) und bello(a): vor dem Substantiv.
ragazza molto bella: Adjektiv mit einer Beifügung hinter dem Substantiv.

Bello und buono vor Substantiven

MS Der Junge und das Mädchen sind zufrieden
nach einem schönen Film oder einem guten Konzert.
Il ragazzo e la ragazza sono contenti
dopo un bel film o un buon concerto.

R contenti: Bezieht sich ein Adjektiv auf männliche und
weibliche Substantive, dann wird die männliche Form verwendet.

bel film:
Vor einem Substantiv hat bello dieselbe Endung wie der bestimmte Artikel:
il film > bel film
buon concerto:
Vor einem Substantiv hat buono im Singular dieselbe Endung wie der unbestimmte Artikel:
un concerto > buon concerto
Analog zu bello gilt für quello:
Vor einem Substantiv hat quello dieselbe Endung wie der
bestimmte Artikel:
il ragazzo > quel ragazzo
i ragazzi > quei ragazzi

Verkürzungen des Adjektivs

MS   Die Besichtigung von Sankt Peter macht mir eine
große Freude.
La visita di **San Pietro** mi fa una **gran** gioia.

R   **San** Pietro:
Santo / heilig kann zu **San** verkürzt werden, vor Voka-
len zu Sant' (Sant'Antonio).
gran gioia:
Grande / gross kann zu **gran** verkürzt werden, vor
Vokalen zu grand' (grand'amore).

Regelmäßige Steigerung des Adjektivs

Die Steigerung erfolgt mit **più** (mehr)
bello   schön
più bello schöner
il più bello der Schönste
Eva è bellissima. Eva ist sehr schön.
Stamm des Adjektivs (bell) + issimo(a) > bellissimo(a) /
sehr schön

Komparativ in Verbindung mit di / als

MS Anna è **più** intelligente **di** Eva,
     ma Eva ha il viso più bello.
     Anna ist intelligenter als Eva,
     aber Eva hat das schönere Gesicht.

R Nach dem Komparativ (**più** intelligente) wird für
    'als' das Wort **di** verwendet.
    Wenn der bestimmte Artikel vor dem Substantiv steht,
    gibt es in der italienischen Sprache keinen Unterschied
    zwischen dem Komparativ und dem Superlativ.
    Il viso più bello kann mit 'das schönere Gesicht' oder
    'das schönste Gesicht' übersetzt werden.

Komparativ in Verbindung mit che / als

MS Eva ist mehr schön als intelligent.
     Das Kleid von Eva ist mehr lila als blau.
     Eva è **più** bella **che** intelligente.
     Il vestito di Eva è **più** lilla **che** blu.
R Wenn man zwei Eigenschaften derselben Person oder
    Sache vergleicht, wird nach dem Komparativ für 'als'
    das Wort **che** verwendet.

Unregelmäßige Steigerung des Adjektivs

buono	migliore	il migliore	ottimo
gut	besser	der beste	am besten
cattivo	peggiore	il peggiore	pessimo
schlecht	schlechter	der schlechteste	am schlechtesten
grande	maggiore	il maggiore	massimo
groß	größer	der größte	am größten
piccolo	minore	il minore	minimo
klein	kleiner	der kleinste	am kleinsten

Gegensätzliche Begriffe

alt / jung anziano / giovane;   alt / neu vecchio / nuovo;
billig / teuer a buon mercato / caro;   breit / schmal largo /
stretto; draußen / drinnen / fuori / dentro; erster / letzter
primo / ultimo; frei / besetzt libero / occupato; früh / spät
presto / tardi; gut / schlecht buono / cattivo; groß / klein
grande / piccolo; hart / weich duro / molle; hell / dunkel
chiaro / scuro; heiß / kalt caldo / freddo; hier / dort qui /
lì; hoch / niedrig alto / basso;   hinauf / hinunter su / giù;
hinten / vorne dietro / davanti; leicht / schwierig facile /
difficile; leicht / schwer leggero / pesante; lang / kurz
lungo / corto; links / rechts a sinistra / a destra; laut / leise
rumoroso / silenzioso;   nach / vor dopo / prima di; nah /
weit vicino / lontano;   oben / unten di sopra / di sotto;
offen / geschlossen aperto / chiuso; richtig / falsch giusto /
sbagliato; schnell / langsam rapido / lento; schön / häss-
lich bello / brutto; stark / schwach forte / debole; süß / sau-
er dolce / agro; schwarz / weiß nero / bianco;   trocken /
nass secco / bagnato; über / unter sopra / sotto;   viel / wenig molto / poco; voll / leer pieno / vuoto;   vor / zurück
avanti / indietro; vorher / nachher prima / dopo.

Unregelmäßige Verben

salire   steigen, einsteigen
Präsens: salgo, sali, sale, saliamo, salite, salgono
PP: salito
E Bedingungsform: salirei ich würde einsteigen
tenere   halten
Präsens: tengo, tieni, tiene, teniamo, tenete, tengono.
PP: tenuto
E Bedingungsform: terrei ich würde halten

**Lernen Sie bitte noch die unterstrichenen Wörter von
Fuß bis Hand.**

Il guasto all'automobile / Die Autopanne

Luogo: La città di Firenze.
Ort: Die Stadt Florenz.
Persone: un turista T, passante P, impiegato / Angestell-
ter A, meccanico / Mechaniker M

T Dov'è l'officina più vicina? Wo ist die nächste Werk-
statt?
P (ridendo / lachend) Cinque metri dietro di Lei. Fünf
Meter hinter Ihnen.
T Buon giorno, può controllare la mia macchina? Guten
Tag, können Sie mein Auto kontrollieren? Si è fermata e
non va più. Es hat angehalten und fährt nicht mehr.
A Dove si è fermata? Wo hat es angehalten?
T Esattamente davanti all'officina. Genau vor der Werk-
statt.
A Bravo, è una macchina brava! Bravo, es ist ein braves
Auto. Per favore la chiave della macchina. Bitte den Au-
toschlüssel. Mentre il mio meccanico controlla la mac-
china, Lei può bere un caffè. Während mein Mechaniker
das Auto kontrolliert, können Sie einen Kaffee trinken.
Il meccanico ritorna dopo 5 minuti. Der Mechaniker kehrt
nach 5 Minuten zurück.
T Come mai la macchina non va più? Wieso fährt das
Auto nicht mehr?
M Indovini un po'. Raten Sie mal.
T Lo starter è guasto? Der Anlasser ist kaputt?
M No. Nein.
T L'accensione non funziona? Die Zündung
funktioniert nicht?
M No.
T La batteria è scarica? Die Batterie ist leer?
M No, ma il serbatoio della benzina è vuoto. Nein, aber
der Benzintank ist leer.

Fünfter Tag

Adverbien (Umstandswörter)

Regelmäßige Ableitung vom Adjektiv

MS 1 Das glückliche Mädchen lächelt glücklich.
      La ragazza felice ride felicemente.
R felice > felicemente: Adjektive mit Endung e:
    Adjektiv (felice) + mente > Adverb (felicemente)
MS 2 Das freundliche Mädchen grüßt freundlich.
      La ragazza gentile saluta gentilmente.
R gentile > gentilmente: Adjektive mit Endung **le** und **re**:
    Adjektiv ohne e (gentil) + mente > Adverb (gentilmente)
MS 3 Der langsame Junge arbeitet langsam.
      Il ragazzo lento lavora lentamente.
R lento > lentamente: Adjektive mit Endung **o**:
    Weibliche Form des Adjektivs (lenta) + mente >
    Adverb (lentamente)

Regelmäßige Steigerung des Adverbs

Die regelmäßige Steigerung erfolgt durch **più**.
presto: früh
più presto: früher
al più presto: frühestens

Unregelmäßige Adverbbildung

MS Nach einem guten Abendessen fühle ich mich gut.
    Dopo una buona cena mi sento bene.
    buono(a) gut (Adjektiv)
    bene gut (Adverb)
    Unregelmäßige Steigerung von bene: meglio / besser

MS Nach einem schlechten Abendessen fühle ich mich
schlecht.
Dopo una cena cattiva mi sento male.
cattivo(a) schlecht (Adjektiv)
male schlecht (Adverb)
Unregelmäßige Steigerung von male:
peggio / schlechter

Zwei Bedeutungen von molto

MS 1 Achtung: Hund mit **sehr** schlechtem Charakter.
Attenzione: Cane dal carattere **molto** brutto.
R Wenn molto die Bedeutung 'sehr' hat, ist seine
Endung unveränderlich.
MS 2 Achtung: **Viele** Hunde mit schlechtem Charakter.
Attenzione: **Molti** cani dal brutto carattere.
R Wenn molto die Bedeutung 'viel' hat, richtet sich
seine Endung nach Geschlecht und Zahl des
zugehörigen Substantivs.

Gebrauch von si / man

MS Wenn man krank ist, kann man verschiedene Medika-
mente nehmen.
Quando si è malati, si possono assumere diverse medicine.
R In der Kombination von si + essere + Adjektiv hat das
Adjektiv immer die Endung -i
Nach si steht das Verb in der Mehrzahl (si possono),
wenn das substantivische Bezugswort (medicine) in
der Mehrzahl steht.

MS Man sieht sich oft.
Ci si vede spesso.
R si / man wird vor dem gleich lautenden si / sich zu **ci.**

Quando si è malati ...   Wenn man krank ist ...

Gibt es hier in der Nähe eine Apotheke/einen Arzt? C'è una
farmacia / un dottore qui vicino?

Ich bin ...	Sono ...
allergisch gegen	allergico a
geimpft gegen	vaccinato contro
ohnmächtig geworden	svenuto
gestürzt	caduto
im ... Monat schwanger	incinta di ... mesi
Diabetiker(in)	diabetico(a)
Ich habe ...	Ho ...
Kopfschmerzen	il mal di testa
Ohrenschmerzen	il mal d'orecchie
Halsschmerzen	il mal di gola
Rückenschmerzen	il mal di schiena
Magenschmerzen	il mal di stomaco
Bauchschmerzen	il mal di pancia
eine Erkältung	un raffredore
Fieber	la febbre
Husten	la tosse
eine Verdauungsstörung	un'indigestione
Durchfall	la diarrea
Verstopfung	sono costipato
mich übergeben	vomitato
einen hohen / niedrigen Blutdruck	la pressione alta / bassa
einen steifen Nacken	il torcicollo
Schmerzen an dieser Stelle	dei dolori qui
Brechreiz	la nausea
Kreislaufstörungen	i disturbi circolatori
Schwindel	le vertigini
einen Schmerz in der Brust	un dolore nel torace

**Lernen Sie bitte noch die Wörter von Handtuch bis
Liegestuhl.**

Primo incontro / Erste Begegnung

Luogo: Piazza del mercato a Capri. Marktplatz in Capri.
         Davanti a un albergo. Vor einem Hotel. Accanto
         all'entrata due valige. Neben dem Eingang zwei
         Koffer.

Persone: una turista / eine Touristin F, un turista M

M Il tempo è bello. Das Wetter ist schön.

F Sì, fa bel tempo. Ja, es ist schönes Wetter.

M Come sono le previsioni del tempo per domani?
   Wie ist die Wettervorhersage für morgen?

F Non ho visto la televisione. Ich habe das Fernsehen
   nicht angeschaut.

M Lei di dov'è, signora? Woher sind Sie, meine Dame?

F Sono di Roma. Ich bin von Rom.

M Che sorpresa, anch'io. Was für eine Überraschung, ich
   auch. Il mio nome è Tino Baci. Mein Name ist Tino
   Baci.

F (sorridendo / lächelnd) Piacere. Sehr erfreut.

M Qual è il Suo nome? Welcher ist Ihr Name?

F Gina Borelli.

M Ha trovato un buon albergo? Haben Sie in gutes Hotel
   gefunden?

F Sì, quell'albergo là. Ja, das Hotel dort.

M Che sorpresa, anch'io sono in quest'albergo. Was für
   eine Überraschung, auch ich bin in diesem Hotel. È la
   prima volta a Capri? Sind Sie zum ersten Mal in Capri?

F No, è la terza volta. Nein, es ist das dritte Mal.

M È qui con la famiglia? Sind Sie mit der Familie hier?

F No, sono sola. Nein, ich bin allein.

M Anch'io. Ich auch. Sono arrivato stamattina. Ich bin
   heute Vormittag angekommen. Quando è arrivata?
   Wann sind Sie angekommen?

F Otto giorni fa. Vor acht Tagen.

M Fino a quando resta Lei? Bis wann bleiben Sie?

F Purtroppo sto partendo. Leider fahre ich gerade ab. Ecco là le mie valige. Dort stehen meine Koffer. Aspetto il taxista per andare al porto. Ich erwarte den Taxifahrer, um zum Hafen zu fahren.

M Che peccato! Wie schade! Ci possiamo incontrare a Roma? Können wir uns in Rom treffen? Andiamo al cinema? Gehen wir ins Kino?

F Non mi interesso di cinema. Ich interessiere mich nicht für das Kino.

M Andiamo in una discoteca? Gehen wir in eine Diskothek?

F Non ho voglia di andare in discoteca. Ich habe keine Lust, in die Diskothek zu gehen.

M Di che cosa si occupa nel Suo tempo libero? Womit beschäftigen Sie sich in Ihrer Freizeit?

F Il mio hobby è l'opera. Mein Hobby ist die Oper.

M È anche il mio hobby. Das ist auch mein Hobby. Ha tempo domenica sei settembre di sera? Haben Sie am Sonntag, dem 6. September, abends Zeit?

F Un momento, devo vedere nell'agenda. Einen Moment, ich muss im Taschenkalender nachschauen. Sì, la sera è libera. Ja, der Abend ist frei.

M (compone un numero di telefono / wählt eine Telefonnummer) : Tino Baci, cosa c'è in programma il sei settembre? Was gibt es am 6. September im Programm? Oh, una première. Oh, eine Premiere. Chi è il solista? Wer ist der Solist? Oh, Placido Domingo. Ci sono ancora due biglietti? Gibt es noch zwei Karten? Che fortuna, vorrei prenotare due posti in galleria. Was für ein Glück, ich möchte zwei Plätze auf dem Rang vorbestellen. Molte grazie, signora. Vielen Dank, meine Dame.

F Cosa danno all'opera? Was geben sie in der Oper?

M (sorridendo / lächelnd): Le nozze di Figaro. Die Hochzeit des Figaro.

Sechster Tag

Regelmäßige Konjugation (Gegenwartsform)

Wort	Wortstammm	Konjugation	
amare	am-	am-o	ich liebe
		-i	
		-a	
		-iamo	
		-ate	
		am- ano	
vendere	vend-	vend-o	ich verkaufe
		-i	
		-e	
		-iamo	
		-ete	
		vend-ono	
partire	part-	part-o	ich reise ab
		-i	
		-e	
		-iamo	
		-ite	
		part-ono	

R 1. Person Sg: immer **-o**
2. Person Sg: immer **-i**
1. Person Pl: immer **-iamo**

E
Verben mit den Endungen -are / -gare schieben vor -i ein **h**
ein, damit die harte Aussprache erhalten bleibt, z.B.
cercare / suchen

cerco ich suche	cerchiamo
cerchi	cercate
cerca	cercono

33

E Vergangenheits- Zukunfts- und Konditionalform

Form	Wortstamm	Wortendung -are -ere -ire	Konjugation
Vergangen- heitsform	am- vend- part-	**av** **ev** **iv**	amavo ich liebte vendevo ich verkaufte part<u>i</u>v-o ich fuhr ab

                    -i
                    -a
                    -<u>a</u>mo
                    -<u>a</u>te
               part<u>i</u>v-**ano**

Form	Wortstamm		Konjugation
Zukunfts- form	am- vend- part-	**e** **e** **i**	amerò ich werde lieben venderò ich werde verkaufen parti-**rò** ich werde abfahren

                    -r<u>a</u>i
                    -rà
                    -r<u>e</u>mo
                    -r<u>e</u>te
               parti-**r<u>a</u>nno**

Form	Wortstamm		Konjugation
Bedingungs- form	am- vend- part-	**e** **e** **i**	amerei ich würde lieben venderei ich würde verkaufen parti-**r<u>e</u>i** ich würde abfahren

                    -r<u>e</u>sti
                    -r<u>e</u>bbe
                    -r<u>e</u>mmo
                    -r<u>e</u>ste
               parti-**r<u>e</u>bbero**

Für den letzten Laut gelten folgende Regeln:
2. Pers. Sg: **-i**, 1. Pers. Pl: **-o**, 2. Pers.Pl: **-e**, 3. Pers. Pl: **-o**

Mit der Bedingungsform kann man eine Frage oder Bitte
höflich formulieren:
Mi saprebbe dire che ore sono?
Könnten Sie mir sagen, wie viel Uhr es ist?
Außerdem kann man einen Wunsch oder eine Möglichkeit
ausdrücken:
Vivrei volentieri a Firenze. Ich würde gern in Florenz leben.

Das Partizip Perfekt

	Wortendung			
Stamm	-are	-ere	-ire	Partizip Perfekt
am-	ato			ho amato
				ich habe geliebt
vend-		uto		ho venduto
				ich habe verkauft
part-			ito	sono partito
				ich bin abgereist

Partizip Perfekt (PP) mit essere

MS   Der Junge ist abgefahren
Il ragazzo è partito
I ragazzi sono partiti
La ragazza è partita
Le ragazze sono partite

R   **Wird das PP mit dem Verb essere/sein gebildet, richtet sich die Endung (o, i, a, e) nach dem zugehörigen Subjekt.**

R   Bei allen reflexiven Verben wird das PP mit essere gebildet, z. B.
Mi sono informato / ich habe mich erkundigt

35

MS Es **hat** mir nicht gefallen, dass das Konzert nur
kurze Zeit gedauert und trotzdem die Eintrittskarte
viel gekostet **hat,** basta!
Non mi è piaciuto che il concerto è durato solo
poco tempo e malgrado ciò il biglietto è costato
molto, basta!

R Im Gegensatz zum Deutschen bilden einige Verben das
Partizip Perfekt mit essere, z. B.: piacere, durare,
costare, bastare / (aus) reichen.

Partizip Perfekt mit avere

MS Der Junge hat telefoniert
Il ragazzo ha telefonato
I ragazzi hanno telefonato
La ragazza ha telefonato
Le ragazze hanno telefonato

R **Wird das Partizip Perfekt mit dem Verb avere
gebildet, ist die Endung unveränderlich.**
Ausnahme: Bei vorausgehendem Akkusativpronomen richtet sich die Endung nach dem Subjekt.

MS Haben Sie den Jungen gesehen? Ich habe ihn gesehen.
Ha visto il ragazzo? L'ho visto.
Ha visto i ragazzi? Li ho visti.
Ha vista la ragazza? L'ho vista.
Ha vista le ragazze? Le ho viste.

R Die Pronomen lo un la werden vor h und Vokal zu l'.

MS Ich **bin** sehr oft in der Schweiz gereist und in Davos
bin ich Ski gefahren und gewandert.
Ho viaggiato molto spesso in Svizzera e a Davos **ho**
sciato e camminato.

R Im Gegensatz zum Deutschen bilden einige Verben das
Partizip Perfekt mit avere, z. B.: viaggiare, sciare und
camminare.

E Unregelmäßige Bildung des Partizip Perfekt

MS Der Autor hat gesagt: Ich habe diesen Roman geschrieben, redigiert, korrigiert, vorgelesen und daraus
einen Erfolg gemacht.
  L'autore ha detto: Ho scritto, redatto, coretto e letto
  questo romanzo e ne ho fatto un successo.

R Einige Verben bilden das **PP mit der Endung -tto,**
  z. B. dire / sagen, scrivere / schreiben, redigere /
  redigieren, correggere / korrigieren, leggere / lesen, fare
  / machen.

Gerundium und Imperativ

		Wortendung			
Wort	Stamm	-are	-ere	-ire	.

					Gerundium	
amare	am-	ando			amando	liebend
vendere	vend-		endo		vendendo	verkaufend
partire	part-			endo	partendo	abreisend

					Imperativ: Anrede 'Sie'	
scusare	scus-	i			scusi / entschuldigen Sie	
vendere	vend-		a		venda / verkaufen Sie	
partire	part-			a	parta / reisen Sie ab	

					Imperativ: Anrede 'Du'	
scusare	scus-	a			scusa / entschuldige	
vendere	vend-		i		vendi / verkaufe	
partire	part-			i	parti / reise ab	

Beim Imperativ der 2. Person Sg wird im Fall der Verneinung der Infinitiv verwendet.
Vendi / verkaufe; non vendere / verkaufe nicht

Konjugation des reflexiven Verbs riposarsi

mi riposo / ich ruhe mich aus   ci riposiamo
ti riposi / du ruhst dich aus   vi riposate
si riposa   usw.   si riposano

Konjugation von capire

capisc-o / ich verstehe   cap-iamo
capisc-i / du verstehst   cap-ite
capisc-e   usw.   capisc-ono

Im Singular und in der 3. Person Plural wird **-isc** eingefügt.

MS   Wenn Sie nicht verstehen, wie man putzt, ziehe ich es vor, dass Sie die Sache beenden.
Se non **capisce**, come si pu**lisce**, prefer**isco** che fin**isca** la cosa.

R   Die **Einfügung von** **-isc** erfolgt bei der Konjugation einiger Verben, z. B.
capire / verstehen, pulire / putzen, preferire / vorziehen, finire / beenden.

Unregelmäßige Verben

andare   gehen
Präsens: vado, vai, va, andiamo, andate, vanno
PP: andato
E   Bedingungsform: andrei   ich würde gehen

venire   kommen
Präsens: vengo, vieni, viene, veniamo, venite, vengono
PP: venuto
E   Bedingungsform: verrei   ich würde kommen

Lernen Sie bitte noch die Wörter von <u>Likör</u> bis <u>Party</u>.

L'abito da sposa / Das Hochzeitskleid

Luogo: Un negozio di abbigliamento a Roma.
   Ein Bekleidungsgeschäft in Rom.
Persone: Gina G venditrice / Verkäuferin V

V Posso aiutar<u>La</u>? Kann ich <u>Ihnen</u> helfen?

G Mi può mostrare un abito da sposa? Können Sie mir ein Hochzeitskleid zeigen?

V Può descrivermi l'abito che desidera? Können Sie mir das Kleid beschreiben, das Sie wünschen.

G Desidero un abito elegante e tradizionale. Ich wünsche ein elegantes und traditionelles Kleid.

V Di che colore? Welche Farbe?

G Vorrei qualcosa di bianco, però più sul beige che bianco. Ich möchte etwas in weiß, aber mehr beige als weiß.

V Questo è da un lato elegante dall'altro tradizionale. Dieses ist einerseits elegant, andererseits traditionell.

G Posso provar<u>lo</u>? Darf ich <u>es</u> probieren?

V Ecco la cabina di prova. Hier ist die Ankleidekabine.

G (sta davanti allo specchio e guarda felice la sua immagine riflessa / steht vor dem Spiegel und betrachtet glücklich ihr Spiegelbild): Che bell'abito da sposa! Was für ein schönes Hochzeitskleid! È un sogno. Es ist ein Traum. Quanto costa questo sogno? Wie viel kostet dieser Traum?

V 2000 Euro.

G Resta un bel sogno perché non voglio spendere più di 1000 Euro. Es bleibt ein schöner Traum, da ich nicht mehr als 1000 Euro ausgeben möchte.

V Un momento, telefono al caporeparto. Einen Moment, ich telefoniere mit dem Abteilungsleiter. Dopo la telefonata. Nach dem Telefongespräch: Può realizzare il sogno con 1500 Euro. Sie können den Traum mit 1500 Euro verwirklichen.

G D'accordo, allora lo compro. Gut, dann kaufe ich es.

Siebter Tag

Betontes Subjektpronomen und Personalpronomen im Akkusativ

MS **Ich** liebe dich / **io** ti amo

betontes Subjektpronomen	Personalpronomen im Akkusativ	Verb
Io (Ich)	ti (dich)	amo
Tu (Du)	mi (mich)	ami
Lui (Er)	la (sie)	ama
Lei (Sie)	lo (ihn)	ama
Noi (Wir)	vi (euch)	amiamo
Voi (Ihr)	ci (uns)	amate
Loro (sie m)	le (sie f)	amano
Loro (sie f)	li (sie m)	amano

Sie (Nominativ)

Sg: **Lei**: Come sta **Lei**? Wie befinden **Sie** sich?

Pl: **Voi**: Come state **Voi**? Wie befinden Sie sich?
      Loro: Come stanno **Loro**? Wie befinden Sie sich?

Sie (Akkusativ)

Sg: **La** (f m): Signora(e), **La** vedo. Ich sehe **Sie** …

Pl   **Vi** (f m): Signore(i), **Vi** vedo. Ich sehe **Sie** …

R   Steht das Objekt betont am Satzanfang, wird es durch das Personalpronomen wiederholt.

R   Die Verben ringraziare / danken und aiutare / helfen stehen mit Akkusativ, z.B. **La** ringrazio/ich danke Ihnen Posso aiutar**La** / kann ich Ihnen helfen?

MS **Io** prendo un dessert e **tu**? **Ich** nehme ein Dessert und **du**?

R   **Man verwendet das betonte Subjektpronomen (io), um die Person hervorzuheben oder wenn es allein steht (e tu?).**

Personalpronomen im Dativ

MS   Ich verkaufe **dir** einen Kaffee / Io **ti** vendo un caffè

betontes Subjektpronomen	Personalpronomen im Dativ	Verb
Io (Ich)	**ti** (dir)	vendo un caffè
Tu (Du)	**mi** (mir)	vendi
Lui (Er)	**le** (ihr)	vende
Lei (Sie)	**gli** (ihm)	vende
Noi (Wir)	**vi** (euch)	vendiamo
Voi (Ihr)	**ci** (uns)	vendete
Loro (Sie)	**loro/gli** (ihnen)	v<u>e</u>ndono **loro** un caffè / **gli** v<u>e</u>ndono un caffè

Ihnen (Dativ)

Sg: **Le** (m f): Posso present<u>a</u>r**Le** / kann ich **Ihnen** vorstellen

Pl: **Vi**: z.B. **Vi** scrivo / ich schreibe **Ihnen**
   Loro: z.B. dico **Loro** / ich sage **Ihnen**

Loro/ Ihnen und **loro**/ ihnen stehen immer hinter dem Verb.

E   MS   Ich verkaufe *es* **dir** / **Te** *lo* vendo

R   Regeln beim Zusammentreffen von zwei Pronomina:
   Das Dativpronomen steht vor dem Akkusativpronomen.
   Mi, ti, ci, vi, si werden zu me, te, ce, ve, se.

   gli + *lo, li, la, le* werden zu **glie***lo*, **glie***li*, **glie***la*,**glie***le*.

Beispiele:

Mostri l'albergo a Carlo. Zeigen Sie Carlo das Hotel.

Glie*lo* mostro. Ich zeige *es* **ihm.**

Mostri i bagni a Eva. Zeigen Sie Eva die Bäder.

Glie*li* mostro. Ich zeige *sie* **ihr.**

Mostri la camera a Carlo. Zeigen Sie Carlo das Zimmer.

Glie*la* mostro. Ich zeige *es* **ihm.**

Mostri le camere ai clienti. Zeigen Sie die Zimmer den Gästen.

Glie*le* mostro. Ich zeige *sie* **ihnen.**

Betontes Objektpronomen

MS Ich reise mit **dir** ab / io parto con **te**.

betontes Subjektpronomen	Verb		betontes Objektpronomen
Io (Ich)	parto	con	**te** (mit dir)
Tu (Du)	parti	con	**me** (mit mir)
Lui (Er)	parte	con	**lei** (mit ihr)
Lei (Sie)	parte	con	**lui** (mit ihm)
Noi (Wir)	partiamo	con	**voi** (mit euch)
Voi (Ihr)	partite	con	**noi** (mit uns)
Loro (Sie)	partono	con	**loro** (mit ihnen)

Mit Ihnen Sg: con **Lei**

Pl: con **Voi**, con **Loro**

Das betonte Objektpronomen steht in Verbindung mit Präpositionen, z. B. con te / mit dir **und bei Hervorhebung,** z. B. Carlo liebt **dich** / Carlo ama **te**.

Ein wichtiges Personalpronomen für sparsame Touristen: sé / sich, sich selbst (ognuno paga per sé / jeder zahlt für sich)

Die Stellung des Personalpronomens

MS Eva kennt *mich* / Eva *mi* conosce.

R Im Gegensatz zum Deutschen steht das Personalpronomen vor dem gebeugten Verb.

Steht das zum Personalpronomen gehörende Verb im Infinitiv, gibt es zwei Möglichkeiten für die Stellung des Personalpronomens:

Ich möchte *mich* ein wenig *vergnügen*.

Mi vorrei *divertire* un po'.

Vorrei *divertirmi* un po'.

R Wenn das Personalpronomen an den Infinitiv gehängt wird (*divertirmi*) entfällt das e des Infinitivs.

Lernen Sie bitte noch die unterstrichenen Wörter von Pfund bis Schweinefleisch.

Il viaggio di nozze / Die Hochzeitsreise

Luogo: L'aeroporto di Roma-Ciampino.
Ort: Der Flughafen Ciampino in Rom.
Persone: Gina G, Tino T, un impiegato / ein Angestellter A

T   A che ora parte il volo charter per Parigi? Um wieviel
Uhr startet der Charterflug nach Paris?

A   Avete ancora un po' di tempo. Sie haben noch ein wenig
Zeit. La partenza è fra un'ora. Der Start ist in einer
Stunde.

G   A che ora arriva l'aereo? Um wie viel Uhr kommt das
Flugzeug an?

A   Se l'aereo parte in orario, l'arrivo è alle undici. Wenn
das Flugzeug pünktlich startet, ist die Ankunft um elf
Uhr. È la prima volta che andate a Parigi? Ist es das
erste Mal, dass Sie nach Paris fahren?

G   Sì, è il nostro viaggio di nozze. Ja, das ist unsere Hochzeitsreise.

A   Oh, felicitazioni agli sposi. Oh, Glückwünsche zur Ver-
mählung. Avete trovato un buon albergo? Haben Sie ein
gutes Hotel gefunden?

T   Sì, vicino alla cattedrale *Notre-Dame* nel *Quartier
Latin*. Ja, in der Nähe der Kathedrale *Notre-Dame*
im *Quartier latin*.

A   Sono vissuto in questo quartiere dal 1988 al 1996. Ich
habe in diesem Viertel von 1988 bis 1996 gelebt. Ogni
volta che penso a Parigi, sento una grande nostalgia
di quella città meravigliosa. Jedes Mal, wenn ich an Paris denke, fühle ich ein großes Heimweh nach dieser
wunderbaren Stadt.

G   Che cosa Le è piaciuto più di tutto a Parigi? Was hat Ihnen in Paris am meisten gefallen?

A   È una domanda difficile. Das ist eine schwierige Frage.

Forse la vista sulla *Seine* sotto i ponti di Parigi oppure la vista dal mio appartamento sul cielo azzurro sopra i tetti di Parigi. Vielleicht der Blick auf die *Seine* unter den Brücken von Paris oder die Aussicht von meiner Wohnung auf den blauen Himmel über den Dächern von Paris. Forse quella sera sulla piazza *Concorde*, quando il sole rosso tramontava dietro alla torre Eiffel. Vielleicht jener Abend auf dem *Concorde* - Platz, als die rote Sonne hinter dem Eiffelturm unterging. Forse quella notte, quando ho guardato il mare di luce della città dal ristorante più alto della torre Eiffel. Vielleicht jene Nacht, als ich das Lichtermeer der Stadt im höchsten Restaurant des Eiffelturms betrachtet habe. Forse la bellezza seducente delle ballerine del *Lido* e del *Moulin Rouge*. Vielleicht die verführerische Schönheit der Tänzerinnen des *Lido* und des *Moulin Rouge*. Forse quella mattina, quando ho visto davanti alla chiesa *Sacré-Coeur* dopo una notte in bianco il sorgere del sole roseo. Vielleicht jener Morgen, als ich vor der Kirche *Sacré-Coeur* nach einer schlaflosen Nacht den Aufgang der rosigen Sonne gesehen habe. Che cosa mi è piaciuto più di tutto? Was hat mir am meisten gefallen? Non lo so. Ich weiß es nicht. Ma so che sarete molto felici tutti e due durante questo viaggio di nozze perché Parigi è la città perfetta per amarsi e perciò il luogo ideale per un viaggio di nozze. Aber ich weiß, dass Sie beide während dieser Hochzeitsreise sehr glücklich sein werden, weil Paris die perfekte Stadt ist, um sich zu lieben und deshalb der ideale Ort für eine Hochzeitsreise. Quanto tempo restate a Parigi? Wie lange bleiben Sie in Paris?

T Due settimane. Zwei Wochen.

G Forse anche qualche giorno in più. Vielleicht auch einige Tage mehr.

A Saluti Parigi da parte mia. Grüßen Sie Paris von mir. Buon volo e buona luna di miele! Guten Flug und schöne Flitterwochen!

Achter Tag

Possessivpronomen (besitzanzeigendes Fürwort)

MS Ich habe mein Haus usw.
    Io ho **la mia** casa.   Noi abbiamo **la nostra** casa.
    Tu hai **la tua** casa.   Voi avete **la vostra** casa.
    Egli (ella) a **la sua** casa. Essi(esse)anno **la loro** casa

MS Ich sehe zuerst meinen Freund, danach seinen Bruder
    und seine Schwestern.
    Vedo prima **il mio** amico,
    dopo **suo** fratello e **le sue** sorelle.
Pl Vedo prima **i miei** amici,
    dopo **i loro** fratelli e **le loro** sorelle.
    Vedo prima **la mia** amica,
    dopo **sua** sorella e **i suoi** fratelli.
Pl Vedo prima **le mie** amiche,
    dopo **le loro** sorelle e **i loro** fratelli.

MS Guten Tag, mein Herr, wann kommt Ihre Frau und
    Ihr Sohn?
    Buon giorno, signore, quando arrivano **Sua** moglie e
    Suo figlio?
Pl Buon giorno, signori, quando arrivano **le Vostre** mogli
    e **i Vostri** figli / **le Loro** mogli e **i Loro** figli?
R **Das Possessivpronomen loro wird immer mit dem be-**
    stimmten Artikel verwendet und ist unveränderlich:
    Il **loro** figlio, i **loro** figli, la **loro** figlia, le **loro** figlie.
E
Vor dem Possessivpronomen steht der bestimmte Artikel:
la mia casa / mein Haus
Vor dem Possessivpronomen kann auch der unbestimmte
Artikel stehen:
Una mia amica / eine Freundin von mir

essere + Possessivpronomen: gehören

MS **È tua** *questa* giacca? **Gehört dir** *diese* Jacke *hier*?
R Questo(a): bei räumlich und zeitlich nahe liegenden
Objekten, Personen und Sachverhalten.
MS **È tua** *quella* giacca? **Gehört dir** *diese* Jacke *dort*?
R Quello(a): bei räumlich und zeitlich entfernten Objekten,
Personen und Sachverhalten.

Das Relativpronomen (bezügliches Fürwort)

Der, die das, den / che wird verwendet für weibliche und
männliche Personen sowie Sachen im Sg, Pl, Nominativ und
Akkusativ.
C'è qualcuno che parla tedesco? / Gibt es irgendeinen, der
deutsch spricht?
Nach einer Präposition wird che zu cui:
Eva e Carlo a cui ho telefonato. Eva und Carlo, mit denen
ich telefoniert habe.
das, was / quello che, ciò che
derjenige, der / chi; diejenigen, die / chi
welcher (mSg) / il quale
welche (mPl) / i quali
welche (f Sg) / la quale
welche (fPl) / le quali

Verschiedene Bedeutungen von che

MS Welche Überraschung, dass Hermann Hesse, der ein
Nobelpreisträger ist, eine Lesung macht. Er schreibt
einen mehr romantischen als realistischen Stil.
Che sorpresa (1) che (2) Hermann Hesse, che (3) è
un premio Nobel, tiene una lettura. Egli scrive in
uno stile più romantico che (4) realistico.
1 che + Substantiv: Was für eine 2 che / dass
3 che / der 4 che / als

Das Interrogativpronomen (<u>Fragefürwort</u>)

wann / quando	Quando parte il prossimo treno?
	Wann fährt der nächste Zug?
seit wann / da quando	Da quando sei qui?
	Seit wann bist du hier?
warum / perché	Perché impiega tanto tempo?
	Warum braucht es so viel Zeit?
was / che cosa	Che cosa Le è piaciuto più di tutto?
	Was hat Ihnen am meisten gefallen?
cosa	Cosa danno all'opera?
	Was geben sie in der Oper?
was ist / qual è	Qual è il prefisso di Svizzera?
	Was ist die Vorwahl der Schweiz?
welcher, e, es / quale	Da quale binario parte il treno?
	Von welchem Gleis fährt der Zug ab?
welche / quali	Quali piatti vegetariani ha?
	Welche vegetarischen Gerichte haben Sie?
wer / chi	Chi è il solista? Wer ist der Solist?
wem, an wen / a chi	A chi mi posso rivolgere?
	An wen kann ich mich wenden?
von wem, über wen / di chi	Di chi è questa giacca?
	Von wem ist diese Jacke?
mit wem / con chi	Con chi esci?
	Mit wem gehst du aus?
bei wem, zu wem / da chi	Da chi sei stato?
	Bei wem bist du gewesen?
wie / come	Come si dice in italiano?
	Wie sagt man auf Italienisch?
wieso / come mai	Come mai la macchina non va più?
	Wieso fährt das Auto nicht mehr?
wie lange / quanto	Quanto tempo resta?
	Wie lange bleiben Sie?
wie viel / quanto	Quanto costa il biglietto d'ingresso?
	Wie viel kostet die Eintrittskarte?

wie viele / quanti	Quanti giorni è durato lo sciopero?
	Wie viele Tage hat der Streik gedauert?
wo / dove	Dove si comprano i biglietti?
	Wo kauft man die Fahrscheine?
wohin / dove	Dove va quest'autobus?
	Wohin fährt dieser Autobus?
wovon, worüber / di che cosa	Di che cosa ha parlato?
	Worüber haben Sie gesprochen?
wozu, woran / a che cosa	A che cosa pensi?
	Woran denkst du?
wo ist / dov'è	Dov'è l'ufficio per il turismo?
	Wo ist das Fremdenverkehrsamt?

Fragesätze können die gleiche Wortstellung wie der Aussagesatz haben. Beim Fragesatz liegt die Betonung am Satzende.

Eva parla francese. Eva spricht französisch.
Eva parla **francese**? Spricht Eva französisch?

Unregelmäßige Verben

potere / können, dürfen
Präsens: posso, puoi, può, possiamo, potete, possono
PP: potuto
E Bedingungsform: potrei / ich würde können
volere / wollen
Präsens: **voglio, vuoi, vuole, vogliamo, volete, vogliono**
PP: voluto
Bedingungsform: vorrei / ich würde wollen
dovere / müssen
Präsens: devo, devi deve, dobbiamo, dovete, devono
PP: dovuto
E Bedingungsform: dovrei / ich würde müssen

Lernen Sie bitte noch die Wörter von <u>See</u> bis <u>Strand</u>.

Arrivo all'albergo / Ankunft im Hotel

Luogo: Un albergo a San Remo. Ein Hotel in San Remo.

Persone: Tino T, sua moglie Gina G, la loro figlia Nora N,
il signor Ricci R

T Buona sera, il mio nome è Tino Baci. Guten Abend,
mein Name ist Tino Baci. Lei è il signor Ricci a cui ho
telefonato? Sind Sie Herr Ricci, mit dem ich telefoniert
habe?

R Sì, buona sera, signora e signor Baci. Guten Abend, Frau
und Herr Baci. Che cosa desiderano? Was wünschen
Sie?

T Abbiamo bisogno di una camera doppia per me e mia
moglie e una camera singola per nostra figlia. Wir brauchen ein Doppelzimmer für mich und meine Frau und
ein Einzelzimmer für unsere Tochter.

R Avete fortuna. Sie haben Glück. Benché siamo in alta
stagione ci sono ancora alcune camere libere. Obwohl
wir uns in der Hochsaison befinden, gibt es noch einige
freie Zimmer. Ci sono due camere con bagno, balcone
e vista sul mare. Es gibt zwei Zimmer mit Bad, Balkon
und Sicht auf das Meer.

G Quanto costano il pernottamento e la colazione, la mezza pensione e la pensione completa? Wieviel kosten
Übernachtung und Frühstück, Halbpension und Voll-
pension?

R Ecco la lista dei prezzi. Hier ist die Preisliste.

G È troppo caro. Es ist zu teuer. Ha qualcosa più a buon
mercato? Haben Sie etwas Billigeres?

R Abbiamo due camere meno care con doccia e vista
sulle montagne. Wir haben zwei weniger teuere Zimmer mit Dusche und Blick auf die Berge.

G È possibile veder<u>le</u>? Ist es möglich, <u>sie</u> zu sehen?

R Volentieri. Gern.

Dopo la visita. Nach der Besichtigung

G Va bene, prendiamo le camere. Gut, wir nehmen die Zimmer.

R Per favore compili questo modulo di iscrizione. Bitte füllen Sie dieses Anmeldeformular aus. Per favore firmi qui. Bitte unterschreiben Sie hier.

T Qualcuno può portare *su* le nostre valige? Kann jemand unsere Koffer *hinauf* tragen?

R Un momento, chiamo un cameriere. Einen Moment, ich rufe einen Kellner. Ecco tutte e due le chiavi. Hier sind beide Schlüssel.

G A che ora <u>si</u> può fare colazione? Um wie viel Uhr kann <u>man</u> frühstücken?

R Fra le sette e le dieci. Zwischen 7 und 10 Uhr.

T <u>Ci</u> può svegliare alle otto? Können Sie <u>uns</u> um 8 Uhr wecken?

R Volentieri, ecco l'ascensore. Gern, hier ist der Aufzug. Buone vacanze. Schöne Ferien.

Dopo una settimana bellissima. Nach einer sehr schönen Woche:

T Posso pagare il conto? Kann ich die Rechnung zahlen?

R Il conto è pronto. Die Rechnung ist fertig.

T Arrivederci, era un soggiorno molto piacevole. Auf Wiedersehen, es war ein sehr angenehmer Aufenthalt.

G È stata una settimana meravigliosa. Es ist eine wunderbare Woche gewesen.

N Ciao, era mega fantastico. Tschüs, es war mega fantastisch.

R È stato un piacere conoscerVi. Es war mir ein Vergnügen, Sie kennen zu lernen. Spero che ci rivediamo l'anno prossimo. Ich hoffe, dass wir uns nächstes Jahr wieder sehen. Buon ritorno. Gute Heimreise.

Neunter Tag

Räumliche Angaben

im Haus	in casa
durch das Haus	attraverso la casa
innerhalb des Hauses	all'interno della casa
außerhalb des Hauses	fuori della casa
vor dem Haus	davanti alla casa
hinter dem Haus	dietro la casa
neben dem Haus	accanto alla casa
auf dem Haus	sulla casa
unter dem Haus	sotto la casa
über dem Haus	sopra la casa
gegenüber dem Haus	di fronte alla casa
in der Nähe des Hauses	vicino alla casa

Die Ankunft / l'arrivo

Ich bin angekommen ...   Sono arrivato …

vor 7 Tagen	sette giorni fa
vorgestern	l'altro ieri
gestern	ieri
heute	oggi
Ich komme gerade an	sto *arrivando*

Will man ausdrücken, dass etwas gerade geschieht, verwendet man stare + *Gerundium*.

Die Abreise / la partenza

Ich werde gleich abreisen   sto per *partire*

Für eine unmittelbar bevorstehende Handlung verwendet man stare per + *Infinitiv*.

Ich reise ab …	parto …
sofort	subito
bald	presto
früh	presto
spät	tardi
in einigen Minuten	fra alcuni minuti
in zwei Stunden	fra due ore
heute Vormittag	stamattina
heute Nachmittag	oggi pomeriggio
heute Abend	stasera
heute Nacht	stanotte
morgen	domani
übermorgen	dopodomani
vor dem Sonntag	prima di domenica
nach dem Sonntag	dopo domenica
innerhalb von 2 Wochen	entro due settimane

Häufigkeitsangaben

niemals	mai
praktisch nie	quasi mai
hin und wieder	ogni tanto
manchmal	talvolta
oft	spesso
meistens	per lo più
immer	sempre

Wichtige Redewendungen

Wenn man den Gesprächspartner nicht verstanden hat.
Quando non si ha capito l'interlocutore.

Ich habe nicht verstanden, was Sie gesagt haben. Non ho capito, cosa ha detto. Können Sie es noch einmal sagen und langsamer sprechen. Può ripetere e parlare più lentamente.

Im Kaufhaus. Nei grandi magazzini.
Ich sehe mich nur um. Do solo un'occhiata.
Ich muss noch einen Augenblick darüber nachdenken.
Ci devo pensare ancora un attimo.
Das gefällt mir, ich nehme es. Mi piace, lo prendo.
Kann ich mit dieser Kreditkarte zahlen?
Posso pagare con questa carta di credito?
Können Sie es mir einpacken? Me lo può incartare?
Haben Sie eine Tragetüte? Ha un sacchetto?

Nach einem Unfall. Dopo un incidente.
Es ist ein Unfall passiert. C'è stato un incidente. Rufen Sie
sofort einen Arzt, einen Krankenwagen und die Polizei.
Chiami subito un dottore, un'ambulanza e la polizia. Ich
brauche Ihren Namen, Ihre Adresse und den Namen Ihrer
Versicherung. Ho bisogno del Suo nome, del Suo indirizzo
e del nome della Sua assicurazione.

Unregelmäßige Verben

dire / sagen
Präsens: dico, dici, dice, diciamo, dite, dicono
PP: detto
E Konditionalform: direi

fare / machen
Präsens: faccio, fai, fa, facciamo, fate, fanno
PP: fatto
E Konditionalform: farei

dare / geben
Präsens: do, dai, dà, diamo, date, danno
PP: dato
E Konditionalform: darei

Lernen Sie bitte die Wörter von <u>Straße</u> bis <u>Umleitung</u>.

Al ristorante / Im Restaurant

Persone: Gina G, Tino T, Nora N, cameriere /
           Kellner K

T Vorremmo un tavolo sulla terrazza nel settore non fuma-
   tori. Wir möchten einen Tisch auf der Terrasse im Nicht-
   raucherbereich.

K Prego, quel tavolo. Bitte, dieser Tisch. Ecco il menù.
   Hier ist die Speisekarte.

G Ha un menù del giorno o un menù turistico? Haben Sie
   ein Tages- oder Touristenmenü?

K Sì, signora, tutti e due. Ja, meine Dame, alle beide.

N Quali piatti per vegetariani ha? Welche Gerichte für
   Vegetarier haben Sie?

K Ecco la lista dei piatti vegetariani. Hier ist die Karte der
   vegetarischen Gerichte. Ecco la lista delle bevande.
   Hier ist die Getränkeliste. Vogliono un aperitivo?
   Wollen Sie einen Aperitif?

G Un campari liscio. Einen Campari pur.

N Un aperitivo analcolico. Einen alkoholfreien Aperitif.

T Un campari con ghiaccio. Einen Campari mit Eis.

K Cosa desiderano da bere? Was wünschen Sie zu trinken?

G Un bicchiere di vino bianco. Ein Glas Weißwein.

N Un succo di frutta. Einen Fruchtsaft.

T Una birra alla spina. Ein Bier vom Fass.

K Quale antipasto desiderano? Welche Vorspeise wünschen Sie?

T Una zuppa di verdura. Eine Gemüsesuppe.

G Insalata di pasta. Nudelsalat.

N Prosciutto e melone. Schinken und Melone.

K Quale piatto principale desiderano? Welches Hauptgericht wünschen Sie?

N Preferisco un piatto vegetariano. Ich bevorzuge ein

vegetarisches Gericht. Quale piatto può raccomandarmi? Welches Gericht können Sie mir empfehlen?

K Patate con verdura. Kartoffeln mit Gemüse.

T Vorrei del pesce. Ich möchte Fisch. Fritto misto con riso. Gemischte Frittüre mit Reis.

G Vorrei della carne. Ich möchte Fleisch. Bistecca e insalata mista con salsa italiana. Steak und gemischten Salat mit italienischer Soße.

K La bistecca al sangue, a puntino o ben cotta? Das Steak fast roh, halb gar oder durchgebraten?

G A puntino. Halb gar.

K E quale contorno? Und welche Beilage?

G Crocchette. Kroketten.

Dopo il piatto principale. Nach dem Hauptgericht.

K Desiderano un dessert? Wünschen Sie ein Dessert?

T Sono diabetico. Ich bin Diabetiker. Non posso mangiare cibi con zucchero. Speisen mit Zucker darf ich nicht essen. Se ha una torta per diabetici ne prendo una fetta e un espresso. Wenn Sie einen Diabetikerkuchen haben, nehme ich ein Stück davon und einen Espresso.

N Un gelato misto e un caffelatte. Ein gemischtes Eis und einen Milchkaffee.

G Una fetta di 'torta della nonna', ma per favore con panna, e un cappuccino. Ein Stück 'Kuchen der Grossmutter', aber bitte mit Sahne, und einen Cappuccino.

Dopo il pranzo molto buono. Nach dem sehr guten Mittagessen:

T Il conto per favore. Die Rechnung bitte. Il pranzo è stato eccellente. Das Mittagessen war hervorragend. Faccia i nostri complimenti allo chef. Richten Sie dem Chefkoch unsere Komplimente aus.

K Grazie mille. Tausend Dank.

Per sazietà totale di tutta la famiglia la cena non ebbe più luogo. Wegen völliger Übersättigung der ganzen Familie fand das Abendessen nicht mehr statt.

Zehnter Tag

Präpositionen (<u>Verhältniswörter</u>)

an	a	quando penso a Parigi / wenn ich an Paris denke
auf	su	forse la vista sulla 'Seine' / vielleicht der Blick auf die Seine
aus	da	Sto arrivando da Roma. Ich komme gerade aus Rom.
	di	Sono di Roma. Ich bin aus Rom.
außer	salvo	C'erano tutti salvo Carlo. Alle waren da außer Carlo.
bei	presso	Abito presso Eva. Ich wohne bei Eva.
bis	a	a presto / bis bald; a domani / bis morgen
	fino a	fino a Firenze / bis Florenz
	fino a (zeitlich)	fino a oggi / bis heute
durch	per	per tutta la Germania / durch ganz Deutschland
für	per	una lettera per Claudia / ein Brief für Claudia
gegen	contra	Non ho niente contra Carlo. Ich habe nichts gegen Carlo.
	verso	verso le tre / gegen 3 Uhr verso nord / gegen Norden
hinter	dietro	cinque metri dietro di Lei / fünf Meter hinter Ihnen
in	in	Sono in Svizzera. Ich bin in der Schweiz.
	fra	fra 5 minuti / in 5 Minuten
	a	un ristorante a Roma / ein Restaurant in Rom
innerhalb	entro	entro due settimane / innerhalb von zwei Wochen
nach	a	Vado a casa. Ich gehe nach Hause.
	dopo	dopo una buona cena / nach einem guten Abendessen
	per	Partiamo per Roma. Wir reisen nach Rom ab.

	in	Andiamo in Italia. Wir fahren nach Italien.
neben	accanto a	accanto all'entrata: due valige / neben dem Eingang: zwei Koffer
	a fianco di	Carlo era seduto a fianco di Eva. Carlo saß neben Eva.
nahe bei	vicino a	vicino alla cattedrale Notre-Dame / nahe bei der Kathedrale Notre-Dame
seit	da	Abbiamo da ieri uno sciopero. Wir haben seit gestern einen Streik.
über	sopra	sopra i tetti di Parigi / über den Dächern von Paris
unter	sotto	sotto i ponti di Parigi / unter den Brücken von Paris
von	di	Sei di qui? Bist du von hier?
	da	Vieni da Roma? Kommst du von Rom?
von ... bis	da ...a	dal 6 al 8 ottobre / vom 6. bis 8. Oktober
vor	davanti a	davanti alla chiesa Sacré - Coeur / vor der Kirche Sacré - Coeur
	prima di	prima di Natale / vor Weinachten
während	durante	durante la notte / während der Nacht

Konjunktionen (Bindewörter)

aber	ma	ma per favore con panna / aber bitte mit Sahne
	però	però più sul beige che bianco / aber mehr beige als weiß
auch wenn	anche se	anche se è tardi / auch wenn es spät ist
bis	finché	Aspetta finché torno. Warte bis ich zurückkomme.
da	siccome	siccome è freddo / da es kalt ist
	visto che	visto che piove / da es regnet
damit	perché	perché tu lo sappia / damit du es weißt

57

deshalb/perciò   e perciò il luogo ideale per un viaggio di
nozze / und deshalb der ideale Ort für eine Hochzeitsreise.
ob / se   Devo andare a vedere se abbiamo riserve di
questo. Ich muss nachsehen, ob wir das vorrätig haben.
obwohl / benché   benché siamo in alta stagione /
obwohl wir in der Hochsaison sind
oder aber/oppure Dov'è l'ambasciata oppure il consolato?
Wo ist die Botschaft oder aber das Konsulat?
um zu / per   Aspetto il taxista per andare al porto.
Ich erwarte den Taxifahrer, um zum Hafen zu fahren.
während / mentre   mentre il meccanico controlla l'auto /
während der Mechaniker das Auto kontrolliert
wegen / a causa di   a causa dello sciopero /
wegen des Streiks
/ per per il tempo freddo / wegen des kalten Wetters
weder .. noch/né .. né   né qui né lì / weder hier noch dort
weil / perché   Non vado a Genova perché non mi piace.
Ich fahre nicht nach Genua, weil es mir nicht gefällt.
wenn / quando   Mangio quando sono alle 7.
Ich esse, wenn es 7 Uhr ist.
/ se   se l'aereo parte in orario /
wenn das Flugzeug pünktlich startet
zwischen / fra, tra   fra le 7 e le 10 / zwischen 7 und 10 Uhr
tra la piazza e il duomo /
zwischen dem Platz und dem Dom

Unregelmäßige Verben

sapere: wissen
Präsens: so, sai, sa, sappiamo, sapete, sanno
PP: saputo
E Bedingungsform: saprei

Lernen Sie bitte noch die Wörter von <u>umsteigen</u> bis <u>Zug</u>.

Il casino / Das Casino

Il professor Müller è un giocatore appassionato. Professor Müller ist ein leidenschaftlicher Spieler. Per questo chiama un taxi davanti alla stazione di Napoli e dice al taxista:

"Per favore casino."

Deshalb ruft er vor dem Bahnhof von Neapel ein Taxi und sagt zum Taxifahrer: "Bitte Casino."

Dopo 5 minuti il taxista dice con una strizzatina d'occhi:

"Ecco l'entrata del casino."

Nach 5 Minuten sagt der Fahrer mit einem Augenzwinkern:

"Hier ist der Eingang des Casino."

Alla ricezione siede una bella signora che saluta il signor Müller con un sorriso gentile. An der Rezeption sitzt eine schöne Frau, die Herr Müller mit einem freundlichen Lächeln begrüßt.

"Scusi", dice il signor Müller, "il doganiere a detto che il mio passaporto è scaduto."

"Entschuldigen Sie", sagt Herr Müller, "der Zollbeamte hat gesagt, dass mein Pass abgelaufen ist."

"Qui non ha bisogno del passaporto; i nostri clienti tengono all'anonimità", dice la donna con una strizzatina d'occhi.

"Hier brauchen Sie keinen Pass; unsere Klienten legen Wert auf Anonymität", sagt die Frau mit einem Augenzwinkern.

"Molto gentile da parte sua. In Germania si deve mostrare ogni volta il passaporto se si va in un casino."

"Sehr freundlich von Ihnen. In Deutschland muss man jedes Mal den Pass zeigen, wenn man in ein Casino geht."

"In questo momento tutte le stanze sono occupate; ma può bere un aperitivo al bar a spese del casino."

"Im Moment sind alle Räume besetzt; aber Sie können auf Kosten des Casinos einen Aperitif an der Bar trinken."

Il professor Müller guarda con grande stupore il profondo decolleté della barista dal seno pieno che dice con un sorriso seducente: "Cosa desidera?"

Professor Müller betrachtet mit großem Staunen das tiefe

Decolleté der vollbusigen Bardame, die mit einem verführerischen Lächeln sagt:

"Was wünschen Sie?"

Siccome è molto caldo nel casino, risponde:

"Un aperitivo con ghiaccio."

Da es im Casino sehr heiß ist, antwortet er:

"Einen Aperitif mit Eis."

Mentre la barista prepara l'aperitivo, domanda:

"Lei di dov'è?"

Während die Bardame den Aperitif vorbereitet, fragt sie:

"Woher kommen Sie ?"

"Sono di un piccolo villagio vicino a Baden-Baden in Germania."

"Ich komme aus einem kleinen Dorf bei Baden-Baden in Deutschland."

La strizzatina d'occhi della barista ricorda al signor Müller la strizzatina d'occhi del taxista e della signora alla ricezione. Das Augenzwinkern der Bardame erinnert Herr Müller an das Augenzwinkern des Taxifahrers und der Empfangsdame.

"È la Sua prima volta in un casino?"

"Sind Sie zum ersten Mal in einem Casino?"

"No, a Baden-Baden vado al casino due volte la settimana, per lo più tutta la notte; una volta che ho iniziato non posso più smettere."

"Nein, in Baden-Baden gehe ich zweimal wöchentlich ins Casino, meistens die ganze Nacht; wenn ich einmal begonnen habe, kann ich nicht mehr aufhören."

"Anche qui può restare tutta la notte. Quando è stato la prima volta in un casino?"

"Auch hier können Sie die ganze Nacht bleiben. Wann sind Sie zum ersten Mal in einem Casino gewesen?"

"Trent'anni fa. Vor 30 Jahren. Abbiamo fatto il viaggio di nozze a Monte - Carlo. Wir haben unsere Hochzeitsreise nach Monte - Carlo gemacht. Mentre mia moglie faceva acquisti in una boutique, sono andato la prima volta al casino.

Während meine Frau Einkäufe in einer Boutique machte, bin ich zum ersten Mal ins Casino gegangen. L'importo minimo era basso; quanto è qui l'importo minimo? Der Mindestbetrag war niedrig; wie hoch ist hier der Mindestbetrag?"

"200 Euro."

"Oh, come è alto! Oh, wie hoch! A Baden-Baden l'importo minimo è solo 2 Euro. In Baden Baden beträgt der Mindesteinsatz nur 2 Euro."

Improvvisamente si apre una porta. Plötzlich öffnet sich eine Tür. Un uomo appare e dietro di cui il signor Müller vede una ragazza bionda, vestita solo con uno slip rosso. Ein Mann erscheint, hinter dem Herr Müller eine blonde, nur mit einem roten Slip bekleidete Frau sieht. Ora capisce dove si trova e che significato ha la strizzatina d'occhi ripetuta tre volte. Jetzt begreift er, wo er sich befindet und die Bedeutung des dreimaligen Augenzwinkerns. Poi inizia a dire parolacce. Dann beginnt er zu schimpfen:

"Che taxista stupido! Was für ein dummer Taxifahrer! Ho detto 'per favore casino'! Ich habe gesagt 'bitte Casino'!"

La barista ride di cuore e dice. Die Bardame lacht aus ganzem Herzen und sagt:

"Non rimproveri il taxista. Machen Sie dem Taxifahrer keine Vorwürfe. Lei ha detto 'per favore casino'; questa parola significa in italiano una casa, dove ci si diverte con delle belle ragazze. Sie haben gesagt 'per favore casino'; dieses Wort bedeutet im Italienischen ein Haus, wo man sich mit schönen Frauen vergnügt. Una casa, dove si gioca alla roulette, si chiama in italiano 'casinò'. Ein Haus, in dem man Roulette spielt, heißt im Italienischen 'casinò'

"Un accento sbagliato e le sue consequenze", dice ridendo il signor Müller, che fa a Baden-Baden il professore di lingua tedesca.

"Eine falsche Betonung und ihre Folgen", sagt lachend Herr Müller, von Beruf Professor der deutschen Sprache in Baden-Baden.

Vokabular

Abend sera f
Abendessen cena f
Abführmittel lassativo m
abheben (Geld) prelevare
Abreise partenza f
abreisen partire
Abteil scompartimento m
Achtung! attenzione!
Adapter adattatore m
Adresse indirizzo m
alkoholfrei analcolico(a)
allein solo(a)
Allergie allergia f
alles tutto(a)
als (Vergleich) di, che
Alter età f
Altstadt città vecchia f
anbieten offrire
andere altri(e)
Anfang inizio m
angeln pescare
angenehm piacevole
anhalten fermare
ankommen arrivare
Ankunft arrivo m
Anlegestelle imbarcadero m
Anmeldung iscrizione f
annehmen accettare
annullieren annullare
anprobieren provare
Anschluss coincidenza f
Antiquität antichità f
antworten rispondere

anzeigen denunciare
Anzug completo m
Aperitif aperitivo m
Apfel mela f
Apotheke farmacia f
Aprikose albicocca f
April aprile m
arbeiten lavorare
Architektur architettura f
Arm braccio m
Arzt dottore m
Ärztin dottoressa f
Aschenbecher portacenere
atmen respirare
Attest attestato m
auch anche
Aufenthalt soggiorno m
aufstehen alzarsi
Aufzug ascensore m
Auge occhio m
August agosto m
Ausdruck espressione f
ausfüllen compilare
Ausgang uscita f
ausgeben spendere
ausgehen uscire
Auskunft informazione f
Ausland estero m
Aussicht vista f
aussprechen pronunciare
aussteigen scendere
Ausstellung esposizione f
Ausverkauf vendita totale

ausverkauft esaurito(a)
Auto macchina f
Autobahn autostrada f
Autobus autobus m
Autoverleih autonoleggio m
B
Bäckerei panetteria f
Bad bagno m
Bademantel accappatoio m
Bademeister bagnino m
baden far i bagni
Bahnhof stazione f
bald presto
Balkon balcone m
Bank banca f
Batterie pila f
(Auto) batteria f
Baum albero m
Baumwolle cotone m
Beanstandung reclamo m
bedauern compiangere
bedeuten significare
bedienen servire
Bedienung servizio m
beenden finire
befinden, sich trovarsi
beginnen iniziare
begleiten accompagnare
behandeln curare
Beilage contorno m
Bein gamba f
beissen mordere
Bekleidung abbigliamento m
bekommen ricevere
benachrichtigen informare

benutzen usare
Benzin benzina f
Berg montagna f
Bergführer guida f alpina
Beruf professione f
berühren toccare
beschäftigen occupare
beschreiben descrivere
Besen scopa f
besichtigen visitare
Besichtigung visita f
besorgen procurare
bestätigen confermare
bestellen ordinare
betrachten guardare
Betrag importo m
Bett letto m
Bettdecke coperta f
Bettlaken lenzuolo m
bewachen custodire
bewegen muovere
bezahlen pagare
Bier birra f
Bild quadro m
Bildhauer scultore m
Bildhauerei scultura f
billig a buon mercato
bitte per favore
bitten chiedere, pregare
blau blu, azzurro(a)
bleiben restare
bleifrei senza piombo
Blick sguardo m
Blume fiore m
Bluse camicetta f

Blut sangue m
Bluten sanguinare
Boot barca f
Botschaft ambasciata f
Braten arrosto m
Bratspieß spiedino m
brauchen avere bisogno
(Zeit) impiegare
brechen rompere
Bremse freno m
Brief lettera f
Briefkasten cassetta f
delle lettere
Briefmarke francobollo m
Brieftasche portafoglio m
Briefumschlag busta f
Brille occhiali mPl
bringen portare
Brot pane m
Brötchen panino m
Brücke ponte m
Bruder fratello m
Brunnen fontana f
Buch libro m
Buchhandlung libreria f
buchstabieren sillabare
bügeln stirare
Burg castello m
Büro ufficio m
Bushaltestelle fermata f
dell' autobus
Butter burro m

C

Camping campeggio m
Cousin(e) cugino(a)

D

Dame signora f
Damenbinde assorbente m
igienico
danken ringraziare
Datum data f
dauern durare
dein(e) tuo(a)
denken pensare
deutsch tedesco(a)
Deutschland Germania f
Dezember dicembre m
Diafilm pellicola f per
diapositive
Diät dieta f
Diebstahl furto m
Dienstag martedì m
Diesel gasolio m
dieser questo
direkt diretto(a)
Diskothek discoteca f
Dolmetscher interprete m
Dom duomo m
Donnerstag giovedì m
Doppelzimmer camera f
doppia
Dorf villaggio m
dort là, lì
Dose scatola f
(Getränk) lattina f
dringend urgente
Drittel terzo m
drücken spingere
dumm stupido(a)
Durchfall diarrea f

dürfen potere
Durst sete f
Dusche doccia f
E
echt vero(a)
Ei uovo m
hartes: uovo sodo
weiches: uovo alla coque
Eilbote espresso m
Eile fretta f
Eimer secchio m
Einbahnstraße senso unico
einchecken fare il chek in
Eingang entrata f
einige alcuni(e)
Einkaufszentrum centro m
commerciale
einladen invitare
einsteigen salire
Eintrittskarte biglietto m
Eintrittspreis ingresso m
Einwohner abitante m
einzahlen versare
Einzelzimmer camera f
singola
Eis ghiaccio m
(Speiseeis) gelato m
Eisdiele gelateria f
Eislaufen pattinaggio m
elektrisch elettrico(a)
Eltern genitori mPl
Empfang ricezione f
empfehlen raccomandare
Ende fine f
Endstation capolinea m

eng stretto(a)
entfernt sein distare
enthalten contenere
Entscheidung decisione f
entschuldigen scusare
entwerten obliterare
Erdbeere fragola f
erklären spiegare
erlauben permettere
Ermäßigung riduzione f
erreichen raggiungere
essen mangiare
Essen cibo m
Essig aceto m
etwas qualcosa
F
Fähre traghetto m
fahren andare
Fahrkarte biglietto m
Fahrkartenschalter
biglietteria f
Fahrplan orario m
Fahrrad bicicletta f
Familie famiglia f
Farbe colore m
Farbfilm pellicola f
a colori
Februar febbraio m
fehlen mancare
Fehler errore, sbaglio m
Feiertag giorno m festivo
Fenster finestra f
Fensterladen imposta f
Ferien vacanze f Pl
Fernglas binocolo m

Fernsehen televisione f
fertig pronto(a)
Fett grasso m
Feuer fuoco m
Feuerzeug accendino m
Fieberthermometer
termometro m
Film pellicola f
(Kino) film m
finden trovare
Finger dito m
Fisch pesce m
Flasche bottiglia f
Flaschenöffner
apribottiglia m
Fleisch carne f
Flohmarkt mercato m
delle pulci
Flug volo m
Flughafen aeroporto m
Flugzeug aereo m
Fluss fiume m
Flüssigkeit liquido m
Flut alta marea f, flusso m
folgen seguire
Form forma f
Foto foto(grafia) f
Fotoapparat macchina f
fotografica
Fotogeschäft fotografo m
fotografieren fotografare
Frage richiesta/domanda f
fragen chiedere/domandare
Frau donna f
(Ehefrau) moglie f

Freitag venerdì m
Fremdenführer guida turistica
Fremdenverkehrsamt
ufficio per il turismo
Fresko affresco m
Freund(in) amico(a)
fester Freund ragazzo m
freundlich gentile
Friedhof cimitero m
Friseur parucchiere m
Fruchtsaft succo di frutta
Frühling primavera f
Frühstück colazione f
fühlen sentire
Führerschein patente f
Führung visita f guidata
Fundbüro ufficio m oggetti
smarriti
funktionieren funzionare
Fuß piede m
Fußgänger pedone m
Fußweg sentiero m
G
Gabel forchetta f
Galerie galleria f
ganz intero(a)/tutto(a)
Garderobe guardaroba m
Garten giardino m
Gasflasche bombola del gas
Gasthaus trattoria f
Gatte marito m
geben dare
geboren nato(a)
gebraten arrosto(a)
Gebühr commissione f

Geburtsdatum data di nascita
Geburtstag compleanno m
Gedeck coperto m
Geduld pazienza f
Gefahr pericolo m
gefährlich pericoloso(a)
gefallen piacere
Gegend regione f
gegenüber di fronte
gegrillt alla griglia
gehen andare
gekocht cotto(a)
Geld denaro m/soldi mPl
Geldbeutel portamonete m
Geldschein banconota f
Geldwechsel cambio m
gemischt misto(a)
Gemüse verdura f
genug abbastanza
Gepäck bagaglio m
Gepäckaufbewahrung deposito m dei bagagli
geradeaus tutto diritto
Gericht (Essen) piatto m
gern volentieri/con piacere
Geschäft negozio m
Geschenk regalo m
Geschichte storia f
Geschwindigkeit velocità
Gesicht viso m
Gesundheit salute f
gestern ieri
Getränk bevanda f
getrennt separato(a)

gewinnen guadagnare
Gewürz spezia f
Glas vetro m
(Trinkglas) bicchiere m
gleich stesso(a)
gleichfalls altrettanto
Gleis binario m
Gleitschirmfliegen parapendio m
Glockenturm campanile m
Glück fortuna f
glücklich felice
Glückwunsch augurio m
Glühbirne lampadina f
Gold oro m
Golfplatz campo da golf
Gottesdienst funzione f religiosa
Gramm grammo m
Grenze frontiera f
Grill griglia f
Größe (Kleid) taglia f
Großvater/mutter nonno(a)
grün verde
grüßen salutare
Gruppe gruppo m
Gruß saluto m
gültig valido(a)
Gummi gomma f
Gürtel cintura f
H
Haar capello m
haben avere
Hafen porto m
Hähnchen pollo m

halb mezzo(a)
Halbpension mezza
pensione f
Hälfte metà f
halten tenere
Haltestelle fermata f
Hand mano m
Handschuh guanto m
Handtasche borsetta f
Handtuch
asciugamano m
Handy telefonino m
Haus casa f
Haut pelle f
heißen chiamarsi
Heizung riscaldamento m
helfen aiutare
Hemd camicia f
Herbst autunno m
Herr signore m
herrlich magnifico(a)
Herz cuore m
heute oggi
Hilfe aiuto/soccorso m
Himmel cielo m
hin und zurück andata e
ritorno
hinlegen, sich sdraiarsi
hinsetzen, sich sedersi
hinter dietro
Hitze caldo m
Hochsaison alta stagione f
holen chiamare
Honig miele m
hören sentire, ascoltare

Hose pantaloni mPl
Hotel albergo m
Hubschrauber
elicottero m
Hund cane m
Hunger fame m
Hut cappello m

I

immer sempre
inbegriffen
compreso(a)
Infektion infezione f
informieren, sich informarsi
innerhalb entro
Insekt insetto m
Insektenstich puntura f
d'insetto
Insel isola f
interessieren, sich interessarsi
Italien Italia f
italienisch italiano(a)

J

Jacke giacca f
Jahreszeit stagione f
Jahrhundert secolo m
Januar gennaio m
jeder,jede,jedes ogni
jemand qualcuno
jener quello
jetzt adesso, ora
Jugendherberge ostello m
della gioventù
Juli luglio m
Junge ragazzo m
Juni giugno m

Juwelier gioielliere m
K
Kalbfleisch vitello m
Kamm pettine m
kaputt rotto(a)
Karte carta f
Kartenverkauf vendita f
dei biglietti
Kartoffel patata f
Käse formaggio m
Kasse cassa f
Kauf acquisto m
Kaufhaus grandi
magazzini mPl
kaufen comprare
Keks biscotto m
Kellner cameriere m
kennen conoscere
Kerze candela f
Kilometer chilometro m
Kind bambino(a)
Kinderarzt pediatra m
Kino cinema m
Kleid abito, vestito m
Klimaanlage aria f
condizionata
Klingel campanello m
klingeln suonare
klopfen bussare
Kloster monastero m
Knie ginocchio m
Knochen osso m
Knopf bottone m
kochen cucinare
Koffer valigia f

Kofferkuli carrello m
kohlensäurehaltig gassato(a)
Kollege(in) collega m f
kommen venire
Konditorei pasticceria f
können potere
Konto conto m
kontrollieren controllare
Konzert concerto m
Kopf testa f
Kopfkissen cuscino m
Korkenzieher cavatappi m
Körper corpo m
kosten costare
krank malato(a)
Krankenhaus ospedale m
Krankenkasse mutua f
Krankenschwester infermiera
Krankenwagen ambulanza f
Krankheit malattia f
Kreditkarte carta di credito
Kreuzfahrt crociera f
Kreuzung incrocio m
Küche cucina f
Kuchen torta f
Küchenchef chef m
Kunst arte f
Künstler(in) artista m f
künstlich artificiale
Kurs corso m
Kurtaxe tassa di soggiorno
L
lachen ridere
Lachs salmone m
Lamm agnello m

Lampe lampada f

Land paese m

Langlauf sci m di fondo

lassen lasciare

laut rumoroso(a)

Lautsprecher altoparlante m

leben vivere

Ledergeschäft pelleteria f

ledig nubile f celibe m

leider purtroppo

leihen noleggiare

lesen leggere

Leute gente f Sg

Licht luce f

Lichtschutzfaktor fattore m
di protezione

lieben amare

Lied canzone f

Liegestuhl sdraia f

Liegewagen carozza f
cuccette

Likör liquore m

Limonade limonata f

Lippe labbro m

Liste lista f

Lippenstift rossetto m

Liter litro m

Löffel cucchiaio m

Loipe pista f di fondo

Luftmatratze materassino m

Luftpost per via aerea

Lust voglia f

M

machen fare

Magen stomaco m

Mai maggio m

Mal volta f

malen dipingere

Maler pittore

Malerei pittura f

man si

Mann uomo m

Mannschaft squadra f

Mantel mantello, cappotto m

Markt mercato m

Marmelade marmellata f

März marzo m

Material materiale m

Matratze materasso m

Mauer muro m

Maut pedaggio m

Mechaniker meccanico m

Medikament medicina f

Meer mare m

Meeresfrüchte frutti di mare

mehr più

Menge quantità f

Messe fiera f

messen misurare

Messer coltello m

Meter metro m

Metzgerei macelleria f

Miete affitto m

mieten noleggiare
(Wohnung) affitare

Milch latte m

mindestens almeno

Mineralwasser acq. minerale

Minigolfplatz pista f di
minigolf

Minute minuto m
mitnehmen portare via
Mittag mezzogiorno m
Mittagessen pranzo m
Mitte metà f
mittel medio(a)
Mitternacht mezzanotte f
Mittwoch mercoledì m
Mode moda f
möglich possibile
Moment momento m
Monat mese f
Mond luna f
Montag lunedì m
morgen domani
Morgen mattina f
Motor motore m
Motorboot motoscafo m
Motorrad motocicletta f
Mücke zanzara f
müde stanco(a)
Mülleimer secchio m
della spazzatura
Mund bocca f
Münze moneta f
Museum museo m
Musik musica f
Muskel muscolo m
müssen dovere
Mutter madre f
N
Nachmittag pomeriggio m
Nachricht messaggio m
nachsehen andare a
vedere

nächster prossimo(a)
Nacht notte f
Nachtisch dessert m
Nacken nuca f
Nagel(Finger) unghia f
Nagelschere forbicina f
per unghie
Name nome m
Nase naso m
Nationalität nazionalità f
Nebel nebbia f
nehmen prendere
Neujahr capodanno m
nicht non
nichts niente
nie mai
noch ancora
Norden nord m
Notausgang uscita f
di sicurezza
Notfall emergenza f
nötig necessario(a)
November novembre m
Nummer numero m
nur solo, soltanto
Nuss noce f
O
Obst frutta f
Obstsalat macedonia f
oft spesso
öffnen aprire
Öffnungszeiten orario
d'apertura
Ohr orecchio m
Oktober ottobre m

Öl olio m
Omelett frittata f
Onkel zio m
Oper opera f
Operation operazione f
Optiker ottico m
Orange arancia f
Ort luogo m
Osten est m
Ostern Pasqua f
P
Paar paio m
Palast palazzo m
Papier carta f
Parfüm profumo m
Park parco m
parken parcheggiare
Parkplatz parcheggio m
Parkhaus garage m
Parkuhr parchimetro m
Party festa f
Pass passaporto m
Patient paziente m f
Pension pensione f
Person persona f
Personalausweis carta f
d'identità
Pfeffer pepe m
Pferd cavallo m
Pfirsich pesca f
Pflanze pianta f
Pflaster cerotto m
Pfund mezzo chilo m
Pille pillola f
Pilz fungo m

Plan pianta f
Platten gomma a terra
Platz piazza f
(Sitzplatz) posto m
Politik politica f
Polizei polizia f
Portier portiere m
Portion porzione f
Postamt posta f
Postkarte cartolina f
postale
prächtig splendido(a)
Preis prezzo m
privat privato(a)
Programm programma m
Prospekt opuscolo m
Prost salute
Prozent per cento
pünktlich puntualmente
Q
Quittung ricevuta f
R
Rabatt sconto m
Radtour giro in bicicletta
Rasierapparat rasoio m
elettrico
Rathaus municipio m
rauchen fumare
Raucher fumatore m
Rechnung conto m
Regen pioggia f
R-mantel impermeabile m
Regenschirm ombrello m
regnen piovere
Reifen gomma f

rein puro(a)
reinigen pulire
Reis riso m
Reise viaggio m
R-führer guida turistica
reisen viaggiare
Reklamation reclamo m
Religion religione f
Reparatur riparazione f
reparieren riparare
reservieren prenotare
Reservierung prenotazione f
Restaurant ristorante m
Rettungsboot canotto m
di salvataggio
Rettungsring salvagente f
Rezept ricetta f
Richtung direzione f
Rindfleisch manzo m
Rock gonna f
Rodelbahn pista f
per slitte
roh crudo(a)
Rolltreppe scala mobile
Roman romanzo m
röntgen fare una
radiografia f
rot rosso(a)
Rücken schiena f
Rückkehr ritorno m
Rucksack zaino m
Ruderboot barca f a remi
rufen chiamare
ruhig tranquillo(a)
rund rotondo(a)

Rundfahrt giro m
S
Safe cassaforte f
Saft succo m
sagen dire
Sahne panna f
Saison stagione f
Salat insalata f
Salz sale m
Samstag sabato m
Sand sabbia f
sauber pulito(a)
Schachtel scatola f
Schaden guasto m
Schal sciarpa f
scharf piccante
Schatten ombra f
Schaufenster vetrina f
Scheibe(z.B.Wurst) fetta f
Schere forbici fPl
schicken inviare
Schiff nave f
Schinken prosciutto m
schlafen dormire
Schlafwagen vagone letto
schließen chiudere
Schloss castello m
Schlüssel chiave f
Schlussverkauf saldi mPl
schmecken piacere
Schmerz dolore m
schmutzig sporco(a)
Schnee neve f
schneiden tagliare
Schnellzug treno rapido

Schnitzel scaloppina f
Schokolade cioccolato m
schon già
schreiben scrivere
Schuh scarpa f
schulden dovere
Schweinefleisch maiale m
Schwester sorella f
Schwierigkeit difficoltà f
Schwimmbad piscina f
schwimmen nuotare
See lago m
Segelboot barca a vela
segeln veleggiare
sehen vedere
Seife sapone m
Seilbahn funivia f
sein essere
Semmel panino m
Sessellift seggiovia f
September settembre m
servieren servire
Serviette tovagliolo m
setzen, sich sedersi
sicher sicuro(a)
Skikurs corso di sci
Ski fahren sciare
Skilift sciovia f
Skulptur scultura f
Socke calzino m
sofort subito
Sohn figlio m
Sommer estate f
Sonne sole m
Sonnencreme crema solare

Sonnenschirm ombrellone m
Sonntag domenica f
Soße salsa f
Speisekarte menù m
(S-wagen vagone-ristorante)
Spiegel specchio m
Spiel gioco m
Spielcasino casinò m
spielen giocare
sprechen parlare
Stadt città f
Stadtplan pianta della città
statt invece di
Steak bistecca f
Steckdose presa di corrente
stehen stare
stehlen rubare
stellen mettere
Stil stile m
Stockwerk piano m
Stoff tessuto m
stören disturbare
Strand spiaggia f
Straße strada f
Straßenbahn tram m
Streichholz fiammifero m
Stromspannung voltaggio m
Strömung corrente f
Strumpf calza f
Stück pezzo m
Stuhl sedia f
Stunde ora f
suchen cercare
Süden sud m
Supermarkt supermercato m

Suppe zuppa f
T
Tabakladen tabaccheria f
Tag giorno m
Tankwart benzinaio m
tanzen ballare
Tarif tariffa f
Tasche (Hose) tasca f
Taschentuch fazzoletto m
Tasse tazza f
tauchen fare il sub
Tee tè m
Teelöffel cucchiaino m
Teigwaren pasta f
Teil parte f
Telefon telefono m
(T-buch elenco telefonico)
(T-karte scheda telefonica)
(T-Zelle cabina telefonica)
telefonieren telefonare
Teller piatto m
Termin appuntamento m
Terrasse terrazza f
Theater teatro m
tief profondo(a)
Tier animale m
Tisch tavolo m
Tischtennis ping-pong m
Tochter figlia f
Toilette toilette f
(T-papier carta igienica)
Tomate pomodoro m
tragen portare
Tragetüte sacchetto m
Transport trasporto m

treffen incontrare
Treppe scala f
Tretboot pedalò m
trinken bere
Trinkwasser acqua potabile
Tropfen goccia f
Tür porta f
Turm torre f
U
U-bahn metro m
überqueren attraversare
Überraschung sorpresa f
Übersetzung traduzione f
Uhr orologio m
Uhrzeit ora f
Umleitung deviazione f
umsteigen cambiare
umtauschen cambiare
Unfall incidente m
ungefähr circa
unterschreiben firmare
Unterschrift firma f
Urlaub vacanza f
V
Vanille vaniglia f
Vater padre m
Ventilator ventilatore m
veranlassen fare
verbieten vietare
vergessen dimenticare
verheitatet sposato(a)
Verkauf vendita f
verkaufen vendere
Verleih noleggio m
verlieren perdere

vermieten (Whg) affittare
verschieden diverso(a)
Versicherung assicurazione f
Verspätung ritardo m
verstehen capire
Vertrag contratto m
Verzeichnis elenco m
vielleicht forse
Viertel quarto m
voll pieno(a)
Vorspeise antipasto m
vorstellen presentare
Vorwahl (Tel) prefisso m
vorziehen preferire

W

warten aspettare
Waschbecken lavandino m
waschen lavare
Wasser acqua f
Wasserhahn rubinetto m
wechseln (Geld) cambiare
wecken svegliare
Wein vino m
(Rotwein vino rosso)
(Weißwein vino bianco)
weniger meno
Werkstatt officina f
Werktag giorno feriale
Wetter tempo m
wichtig importante
wiederholen ripetere
wiedersehen rivedere
Wind vento m
Winter inverno m
wissen sapere

Woche settimana f
wohnen abitare
Wohnung appartamento m
Wohnwagen roulotte f
Wolke nuvola f
wollen volere
Wort parola f
wünschen desiderare
Wurst salsiccia f

Z

Zahl numero m
zahlen pagare
Zahn dente f
Zahnarzt dentista m
Zahnpasta dentifricio m
zeigen mostrare
Zeit tempo m
Zeitschrift rivista f
Zeitung giornale m
(Z-kiosk edicola f)
Zelt tenda f
zelten campeggiare
Zentrum centro m
zerbrechen rompere
ziehen tirare
Zigarette sigaretta f
Zigarre sigaro m
Zimmer camera f
(Z-mädchen cameriera f)
Zitrone limone m
Zucker zucchero m
Zug treno m
zurückkehren tornare
zu viel troppo
zwischen fra, tra